ROGER AX

EL EXTRATERRESTRE

LA DIVERTIDA HISTORIA DE LA HUMANIDAD

CARLOS GARCÍA RETUERTA
Ilustraciones: ÁNGEL L. GONZÁLEZ ROMERO

ALFAGUARA

Torrelaguna, 60 28043 Madrid
Teléfono 91 744 60 90

Aguilar, Altea, Taurus, Alfaguara, S. A. de Ediciones
Beazley, 3860. 1437 Buenos Aires

Aguilar, Altea, Taurus, Alfaguara, S. A. de C. V.
Av. Universidad, 767. Col. del Valle, México, D.F. C.P. 03100

Distribuidora y Editora Aguilar, Altea, Taurus, Alfaguara, S. A.
Calle 80, nº 10-23, Santafé de Bogotá (Colombia)

ISBN: 84-204-5757-4
Depósito legal: M-11.022-1999
Printed in Spain - Impreso en España por
Unigraf, S. L. Móstoles (Madrid)

3ª edición: abril 1999

ROGER AX

EL EXTRATERRESTRE

LA DIVERTIDA HISTORIA DE LA HUMANIDAD

A Pablo y Estrella,
que nunca serán morrícolas.

A Diego y sus colegas
del equipo de fútbol sala Q-3.
Ellos dieron nombre al planeta
de Roger Ax.

Queridos terrícolas:

Mi nombre es Roger Ax. Es decir, así me llamo en mi planeta, Q-3, que está un par de galaxias a la derecha de Orión y luego todo seguido, mirando desde la Tierra. Tengo cincuenta y cinco mil años, o sea, que soy bastante mayor, aunque mi padre siempre me dice que acabo de salir del cascarón. A lo mejor a vosotros los terrícolas os parece que soy muy tarra, pero es que en mi planeta vivimos unos cuatrocientos mil años de los vuestros, de manera que mi edad equivale a doce o catorce tacos terrestres.

Os escribo porque acabo de pasar seis mil años con vosotros y me apetece contaros lo que he visto. En Q-3, cuando los muchachos de cincuenta a setenta mil años acabamos el segundo ciclo de enseñanza, hacemos un viaje de estudios al extranjero. A mí me tocó el Sistema Solar, y por lo tanto la Tierra, porque es el único planeta de esa zona con un poco de marcha. En Marte o en Plutón me hubiera tenido que pasar los seis mil años contando meteoritos y eso sí que es un muermo galáctico. Cuando llegué, estabais más o menos por lo que llamáis "año 4.000 antes de Cristo" y os vi alucinar domesticando una vaca. Cuando me volví a Q-3 acababais de llegar a la Luna y estabais la mar de contentos, cosa que me cuesta entender, porque un viajecillo así lo hacemos todos en mi planeta cada dos por tres, más o menos cada milenio, o como mucho milenio sí, milenio no.

Nada más volver, mi profa me preguntó qué me habían parecido los terrícolas y tuve que decirle la verdad para que no me castigara. Conté que los terrícolas os dividís, más que nada, en morrícolas y pringadícolas. Los primeros mandan cantidad y viven estupendamente. Los segundos, que suelen ser muchos más, curran cantidad y no mandan un pepino. Le dije también que estáis un poco *pallá*. No pude decirle otra cosa, porque nosotros leemos los pensamientos y, por tanto, no hay quien meta una bola en Q-3. Luego, pensándolo mejor durante los dos lustros del recreo de la mañana, me di cuenta de que en realidad nosotros estamos casi igual de majaras que vosotros. Pero no quiero irme, como decís en la Tierra, por las ramas, porque tengo muchas cosas que contar. Como para vosotros pasa tan rápido el tiempo, en pocos miles de años os ha cundido un montón, y eso me ha permitido ver de todo.

Os he visto aprender a cultivar cereales, inventar la rueda, la escritura y la pólvora, o construir pirámides y canalizar los ríos, y hasta descubrir planetas sin moveros del suelo, lo cual tiene mérito, como le decía yo a mi amigo Galileo, que no me entendía muy bien aunque era muy listo. Nosotros, para descubrir planetas, tenemos que coger la nave y liarnos a tragar años-luz. He conocido a gente que para vosotros es muy importante, como Pericles, que era un genio, pero tenía sus malas pulgas; Julio César, que no conquistaba nada si para hacerlo no tenía que cruzar un río; Ricardo Corazón de León, que se fue de viaje a conquistar

Jerusalén y por el camino se peleó hasta con su sombra; o Napoleón, que siempre estaba mal de la barriga porque se comía los pollos como los países, de un bocado.

Y he estado en unas cuantas batallitas célebres, siempre un poco alejado, porque uno es extraterrestre pero no tonto, y un lanzazo o un bombazo es un lanzazo o un bombazo en la Tierra, en Q-3 y en la octava dimensión. A propósito de vuestras batallitas, visto lo que vi, y por lo que me cuentan de otros planetas con gente, tengo que confesaros que me parece que tal vez no estáis más locos que otros, pero sí sois de lo más bruto que se encuentra por los espacios siderales.

Como en Q-3 tenemos el don de cambiar de apariencia cuando queremos, en cada civilización y cada lugar en que estuve me convertí en uno de los vuestros y me busqué un curro apropiado. Todo ello para parecer normal y para que no os diera un jamacuco al verme. Por ejemplo, cuando estuve con Atila, me transformé en domador de caballos; cuando fui con Pericles a las Olimpiadas, me hice pasar por discóbolo juvenil, y cuando me enrollé con América, tomé forma de joven indio inofensivo, de manera que cuando yo conocí a Hernán Cortés, me descubrió y me conquistó a mí, entre otros. También fui grumete de Juan Sebastián Elcano, vendedor de enciclopedias durante la Revolución Francesa, copiloto del Barón Rojo, enfermero del presidente Roosevelt y muchas cosas más que os iré contando.

La verdad es que fui tantas cosas y vi otras tantas en tan poco tiempo, que me lo he pasado bomba y me dio mucha rabia tener que volverme a Q-3. Otra cosa no tendrá vuestra raza, pero es divertidísima. También pasé miedo. Mucho canguis, porque el vuestro es un planeta peligroso y en el mío nos dan clases de cobardía. La cobardía es cosa de sabios en Q-3. Nuestros más queridos estrategas son los que mejor planean las retiradas. Pero, en esta ocasión, no quiero hablaros de mi planeta, sino de mi experiencia en la Tierra.

Ha sido magnífico. En sólo seis mil años de nada, habéis pasado de no saber lo que era un carro a ir a toda pastilla en los coches hasta para comprar el pan; o de ignorar lo que son las letras a pasar las horas colgados de lenguajes informáticos. Aunque, no creáis, en muchas cosas sois igualitos que cuando os conocí. Por ejemplo, de vez en cuando y sin venir a cuento, os seguís poniendo tan chulos como antes, y os ayudáis, os jorobáis, os queréis y os detestáis lo mismo, casi siempre sin que se sepa por qué. Pero en lo demás, la verdad es que habéis cambiado cantidad. Si no lo créeis, seguid leyendo, porque os lo voy a contar.

TAMBIÉN FUI GRUMETE DE JUAN SEBASTIÁN ELCANO...
¡MI QUERIDO GRUMETE, VAS A DAR LA VUELTA AL MUNDO!
¡SÍ...!
¡BURP!
¡GUAAC...!
¡...MI CAPITÁN!
VENDEDOR DE ENCICLOPEDIAS DURANTE LA REVOLUCIÓN FRANCESA...
¡HUM..., MON ENFANT, ES LA HORA DE LA MERIENDA...!
¿?¡
¿MORTADELA, MON AMIE?
¡NO, GRACIAS!
¡CHIC!
COPILOTO DEL BARÓN ROJO...
¡VAS A VER LO QUE ES VOLAR, PEQUEÑO!
¡MENUDO FANTASMA!
¡BROOAA!
¡TOMA YA, LOOPING! ¡JE, JE, JE...!
¡MAMÁÁÁ...!

La vaca Neolítica

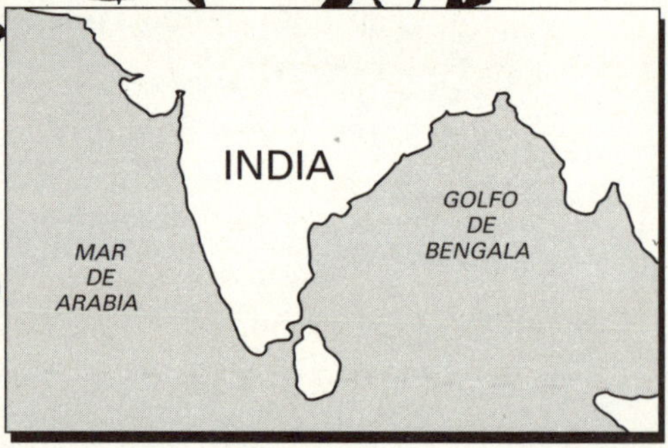

Aunque no soy un crack para eso de las fechas, creo que llegué a vuestro planeta hace unos seis mil años, milenio arriba, milenio abajo. Según se acercaba la nave, un poco antes de parar en la Luna a hacer mis necesidades y estirar un poco las antenas, la Tierra se veía azul. Más cerca, noté que ese color lo causaban los mares, pero que también había cantidad de trozos verdes. Casi toda la tierra firme era verde, salvo los casquetes superior e inferior, que parecían muy blanquitos. El colega al que relevé, Cha Chix, me contó que al llegar él, otros cinco mil años o así antes, era mucho mayor la zona blanca en toda la parte de arriba del planeta, y que hacía un frío que pelaba, porque había una glaciación. Luego llegó el deshielo y mucho de lo blanco se volvió verde.

En fin, que era muy bonito; más que al volverme a Q-3, pues entonces había ya más zonas marrones debido a la manía que les tenéis a las selvas, los bosques y las plantas en general.

Aterricé en lo que ahora es la India, en el valle del Indo, que era un río chachi, y todavía lo es, aunque está un poco más cascado. Por aquel entonces, los terrícolas andabais terminando el Neolítico o Edad de la Piedra nueva. O sea, se os acababa la prehistoria. Ya no erais cavernícolas en casi ninguna parte. Tampoco necesitabais andar persiguiendo mamuts ni os entendíais a grito pelado. No. Los neolíticos que conocí eran majetes y listos. Hablaban, cultivaban la tierra, hacían casitas monas y sencillas, se vestían con ropas hechas de pieles de animales, fabricaban cacharros de barro y conocían, aunque no muy bien, el metal. No habían descubierto la rueda, lo cual me daba mucha rabia, porque no podía decirles cómo hacerla, y nos hubiera venido muy bien para muchas cosas, como por ejemplo para llevar al poblado en un carro, y no en la chepa, los animalotes que cazábamos. Menos mal que no les dio por la caza de hipopótamos, que los había, y muy hermosos, allí en el Indo. Tampoco habían descubierto la guerra, aunque andaban cerca de hacerlo. O sea, que eran prehistóricos pero pacíficos. En realidad, prehistóricos sólo quiere decir que son anteriores a la escritura y que por lo tanto no han dejado documentos y no se les puede hacer la historia.

Llegué a un poblado la mar de chulo, que estaba, como todos los de la zona, en una colina. Los ponían en alto porque en la época de las lluvias el río crecía y crecía hasta que se salía en mogollón, o sea, que lo inundaba todo; y como, aunque no supieran escribir y no hubieran inventado el cole, eran neolíticos, pero no tontos, hacían los pueblecitos en alto para no tener que reconstruirlos cada año. Y para no ahogarse, claro. Así, cuando había inundación, con no darse garbeos por abajo estaba todo arreglado. Además, la riada era muy buena para los campos de las orillas, porque se regaban mucho y luego, una vez secos, daban unas cosechas buenísimas.

Porque tenían cosechas. Sabían cultivar desde hacía unas cuantas generaciones. Mi amiga Catal Ina, una chica que molaba un montón y que hizo que me llevara a Q-3 una grata idea de las neolíticas, me contó cómo su tatarabuelo descubrió la agricultura. Resulta que aquel señor y su gente eran cazadores nómadas, lo que quiere decir que, como vivían de comer bisontes y cabras y esas cosas, y se vestían con sus pieles y hacían herramientas con sus huesos, pues tenían que andar siempre viajando detrás de las manadas. Que la manada se iba para el norte, pues ellos para el norte. Que se iba para el sur, todos para abajo. De vez en cuando comían hierbas y las que sobraban las tiraban. Una vez que estuvieron varios meses en un sitio, el tatarabuelo de Catal Ina vio que donde habían tirado sobras de hierbas volvían a salir plantas nuevas.

Así se dio cuenta de que los cereales, que eso eran aquellas hierbas, se podían plantar.

Cuando se hicieron agricultores y consiguieron buenas cosechas, ya tenían comida garantizada y pudieron ponerse un pueblo fijo, con casas redondas de ladrillos de barro y techos de cañas y paja. Se instalaron junto al río, para tener agua y porque crecían mejor las cosechas; de vez en cuando los cazadores se iban unas semanas a buscar piezas, de manera que también zampaban carne de cuando en cuando y no les faltaban los pellejos y esas cosas. Eso mismo pasó en otros muchos sitios durante aquellos siglos.

Una de las cosas que no habían inventado cuando yo llegué era la ganadería. No sabían que se podían tener animales domesticados, como vacas, ovejas o cabras, para la lana, la leche, el transporte y tal. Pero mira por dónde, la ganadería la inventó mi amiga Catal Ina, gracias a la vaca *Loh Lah,* y casi nos cuesta un disgusto a los tres: a la vaca, a mi amiga y a mí. Menuda se armó. Pero vamos por partes.

La aldea en la que estuve tenía unas doscientas personas. La gente era distinta a la de ahora. Había familias, por supuesto, pero diferentes. Eran familiones. Hermanos, tíos, primos, todos estaban muy unidos y, aunque se querían, claro, los padres y los hijos no formaban una piña tan apretada como en los tiempos actuales. Los familiones vivían en la misma casa, pues las viviendas eran toscas pero grandes. Yo vivía con el familión de Catal Ina, y estaba a gusto, salvo para dormir, porque los neolíticos roncaban más que el león de la Metro y allí dormíamos todos apelotonados. El caso es que con tres o cuatro familiones se formaba una aldea, y todos los de la aldea eran iguales, o más iguales que ahora, no sé si me entendéis. Todos se repartían el trabajo en las cosechas o para hacer vasijas o canales para sacar agua del río y regar los campos. Había tres o cuatro fortachones, que eran los cazadores, y también un rey. Solía ser rey el más listo cazando o resolviendo problemas, pero no un rey de los que hubo luego, de ésos a los que todo el mundo hace la pelota. No. Era un rey la mar de sencillo, al que todos trataban como un igual, aunque era el jefe. Además, si os digo la verdad, y como yo leía los pensamientos, os diré que la mayoría de los de la aldea pensaban que el rey en realidad no era el más espabilado, sino un potrudo al que le habían salido bien un par de cacerías y una siembra por pura chiripa. Si teníamos problemas con otra aldea, los cazadores hacían de guerreros y eran los que se daban de tortas; pero eso pasaba poco.

Pero voy a lo de la vaca, que es lo que interesa. Como en la aldea se producían sobras de la comida y de los cereales cuando los recolectábamos, se acercaban muchos animales de los alrededores para comérselas. Tenían hambre porque más allá de las orillas del Indo había zonas con pocos pastos, y algunas hasta muy resecas. Venían los jabalíes, las vacas y los toros, las cabras y después de comer se marchaban. Pero había una vaca que nos tomó cariño. Era *Loh Lah.* Ella se apalancó a dos pasos de la aldea. Y allí estaba mugiendo como un alma en pena cuando no había sobras. A Catal Ina le daba pena, y cuando escuchaba el triste muuu... iba y le llevaba hierbajos. Lo hacía a hurtadillas, porque al rey no le molaba que le echara de comer. Decía que eso podía cabrear a Bes Tia, el dios de los animales. Por cierto, no os he contado que tenían unos cuantos dioses: el de los bichos, el del fuego, el de la tierra, el del viento y algunos más. En fin, que el rey temía a Bes Tia, la vaca venga a mugir, y Catal Ina jugándosela, y yo con ella, porque me gustaba un mazo, creo que ya lo he dicho. Si nos llega a pillar nos descalabra, porque los neolíticos, aunque no conocían la guerra, conocían la garrota y eran un poco brutos.

Un día, Catal Ina me pidió que distrajera a Cho Ras, el guerrero al que el rey había puesto a vigilar para que nadie se acercara a la vaca. Mientras yo le metía un rollo cebollo a Cho Ras, Catal Ina le llevó unos granos a *Loh Lah.* Al llegar, vio que se le escapaba un poco de leche. La probó y le gustó un montón. Notó que tenía las ubres reventonas y pensó que sería bueno guardarla, así que se fue a por un cuenco y lo llenó. Nos la bebimos por la noche, mientras el familión roncaba.

Otra vez, mientras yo ponía a Cho Ras la cabeza como un bombo, venga a hablarle de estrellas, planetas y cosas que le sonaban a caldeo, ella fue a ver a la vaca y se encontró con que al lado estaba su abuelo, Catal Ino Primero, que se había caído y no podía moverse. Ella se puso muy nerviosa e intentó cargar al abuelo a sus espaldas, pero no pudo. No sabía qué hacer, hasta que se le ocurrió intentar subirlo a la vaca y llevarlo así a la aldea. Dicho y hecho. La vaca no dijo ni mu y se dejó llevar, tirando Catal Ina de un cuerno y con el abuelo a cuestas. La llegada a la aldea fue la mundial. El rey tuvo que aceptar que se cuidara a *Loh Lah* y nosotros pudimos contar el descubrimiento de la leche, que gustó un montón a todos, menos a los niños.

Poco a poco vinieron más vacas, que se apalancaron junto a *Loh Lah.* Les hicimos una empalizada para que no se piraran, y así tuvimos leche y transporte para las cosas pesadas. Y de paso, inventamos la ganadería. La inventamos en la aldea, claro, porque al mismo tiempo y mucho antes y mucho después se estaba inventando en otros sitios.

La pena fue que Catal Ina, aunque era muy amiga y me quería mucho, se enamoró de otro. De un cazador-guerrero, como todas. El tío era un musculitos, pero tenía cara de haber descendido del mono un par de semanas antes. A mí no me pilló por sorpresa, porque se lo leí en el pensamiento pero, como tenía que disimular, me hice el ofendido más de lo que lo estaba. Así y todo, ya digo, tengo un gran recuerdo de los neolíticos. Y sobre todo de las neolíticas.

JISS
JISS
JISS
JISS
¡TE PROHÍBO QUE DES DE COMER A LAS VACAS!
¡PERO...!
¡NO QUIERO QUE SE ENFADE EL DIOS BES TÍA!
¡DEJA YA LAS MARACAS, CARAY!
SÍ, MI REY
ESA NOCHE
¡VIENEN POR ARRIBA!
¿¡
¡AH!, ¿SÍ...?
¿QUIÉN VA A VENIR, OYE? ¡ME DUELE EL CUELLO!
¿CÓMO SE LLAMA ESTE LÍQUIDO?
¡LECHE!
¡CHIN!

Pueblecitos como el que conocí en el valle del Indo fueron creciendo y creciendo a medida que se inventaban cosas y mejoraban las cosechas. Nacían bebés y llegaba más gente, y los familiones aumentaban porque tenían más y más papeo. Así acabaron formando las primeras civilizaciones. Allí, cerca de donde conocí a Catal Ina, una aldea que creció mucho se convirtió en la ciudad de Mohenjo-Daro, que fue muy famosa. Y en otros sitios ocurrió algo parecido. Por ejemplo en Mesopotamia, donde están el Tigris y el Eúfrates, que son dos ríos que te pasas. En aquellas llanuras, que ahora son de Irak, cerca de donde está Bagdad, la de los cuentos árabes, allí mismo hubo también aldeas neolíticas que crecieron y acabaron convertidas en unos pedazo de ciudades. Eso le pasó a Ur, que era una de las capitales sumerias. Los sumerios inventaron canales muy ingeniosos para controlar los dos cacho de ríos y para regar con sus aguas las llanuras secorras, que acabaron convertidas en campos muy guapos, y así formaron la primera civilización. Lo sé porque lo he leído, y porque lo vi con mis propias antenas. Bueno, con mis propios ojos, que cuando estaba allí, en vuestro planeta, me ponía ojos para disimular. No os lo vais a creer, pero en Ur participé en el invento de la rueda y trabajé de taxista. Si no fui uno de los primeros taxistas de la historia, poco le faltará. Lástima que fallara el negocio por culpa de Sebón, el sacerdote gordo.

Yo estuve en Ur hacia el 3.000 o el 2.500 antes de Cristo o así. Aquello no se parecía nada a la aldeíta del Indo. Ur era un mogollón. Había lo menos doscientas mil personas y un montón de casas, calles, callejuelas y todo eso. La mayoría más empinadas que el Everest, porque estaba construida en un alto. Mirad por dónde, hace 4.500 años ya había movida. Animación por un tubo. Arriba del todo tenían el templo, rematado por una construcción escalonada llamada zigurat. El templo no era sólo como la iglesia, sino algo así como el ayuntamiento, la bolsa, los ministerios y el cuartel. En fin, que allí en el templo cortaban el bacalao, porque el rey, que cuando yo estuve era Mersanipalda, era además sumo sacerdote, y los sacerdotes que no eran sumos, de todas formas, mandaban mucho: regulaban las cosechas, impartían justicia, organizaban la guardia, declaraban guerras, decidían las obras que había que hacer... yo qué sé. El templo estaba hecho, como toda la ciudad, de arcilla y ladrillos de barro cocido, porque no había piedras por la zona. En otras partes sí, pero allí no se veía un pedrusco. Los sacerdotes habían inventado unos siglos antes la escritura. Los de Ur decían que fueron sus antepasados, pero lo mismo contaban los de Mari, Uruk, Umma, Kish y otras ciudades de la zona. Aunque no se había inventado el fútbol, las ciudades vecinas ya se tenían tirria, porque la tirria se inventó, al parecer, al principio de todo. El caso es que, fueran los que fueran, lo hicieron porque, como llevaban las cuentas de toda la economía de la ciudad, tenían que ir apuntando. Y apunta que te apunta, se les acabó ocurriendo que con unos signos podían explicar unas cosas y con otros otras. Dibujaban un pájaro en una tabla de arcilla, y aquello quería decir pájaro o vuelo. Pintaban un sol y quería decir sol, o día o tiempo, o calor de fritanga, depende. Juntando muchos signos les salieron frases y parrafadas. Así, un sol más una casita más un soldado más unas espigas, a lo mejor quería decir que era el tiempo de recaudar los impuestos en forma de trigo. El pájaro, el sol y lo demás que pintaban se fueron haciendo cada vez más simples, de manera que más que pájaros o soles parecían una especie de letras, y así tuvieron una escritura con lo menos dos mil signos. Un poco lioso, pero con mucho mérito para ser tan antiguos. El alfabeto se inventó más tarde. Aquello era la escritura cuneiforme.

El rey-sacerdote y los sacerdotes a secas eran representantes de la tira de dioses. Cada ciudad tenía el suyo, y además estaban Anu, el dios del cielo; Enlil, el del aire; En, que era el dios del agua, y otros que se me han olvidado. Como tenían mucho que hacer y no podían estar rezándoles a todas horas, hicieron unas estatuas para que rezaran ellas a piñón fijo. Esas figuras orantes, que luego descubrieron los arqueólogos, son ahora obras de arte de mucho cuidado, pero cuando yo estaba allí resultaban de lo más corriente. Eran muy necesarias, porque de los dioses del agua, la tierra y el aire dependían las cosechas, y de las cosechas dependía todo, así que no era cosa de que se mosquearan por falta de rezos. Aquellos dioses tenían malas pulgas y, a la menor, te mandaban una sequía o una inundación.

En fin, voy a lo de la rueda. Yo en Ur me enrollé con el alfarero Cacharrabis, que tenía un negocio de hacer vasijas muy molonas. Era un señor, digamos, de clase media. Allí en

Ur todos eran alfareros, escribas, carniceros, tejedores, curtidores, ladrilleros, panaderos, y hasta había cerveceros, porque ya se había inventado la caña, no os creáis. La caña se inventó más o menos cuando la rueda. Por debajo de la clase de Cacharrabis y los demás, estaban los del campo, los ganaderos, agricultores, cazadores y pescadores, que tenían la obligación de abastacer de alimentos a las ciudades de las que dependían. Por debajo de ellos se encontraban los esclavos. Sí, ya se había inventado la esclavitud, los terrícolas sois así. Y también había aristócratas, claro. Los terrícolas ya os dividíais por entonces en morrícolas y pringadícolas. Los morrícolas de la época, los aristócratas que decía, poseían tierras y trabajaban de sacerdotes, recaudadores, militares y jefazos en general. O sea, que ya no erais nada iguales por aquel entonces. En eso, echaba de menos los tiempos de Catal Ina y los neolíticos del Indo, que eran más primitivos pero más majetes.

El caso es que Cacharrabis trabajaba con un torno de alfarero. El torno, como el uso de los metales, los telares, el riego y otras cosas, hacía tiempo que se conocía. Y en el torno se usaban ruedas, pero a nadie se le había ocurrido que esas ruedas de piedra tan pesadotas podían servir para otra cosa. Pues bien, se le ocurrió a mi colega Luminariatum, el hijo de Cacharrabis, que trabajaba en la alfarería pero siempre estaba pensando en otras cosas. El asunto tuvo miga.

Un día que estábamos haciendo vasijas como locos, porque teníamos un pedido del templo, se escacharró un torno porque se partió la rueda. Un operario tuvo que ir a toda prisa a por otra, pero Cacharrabis mandó que lo acompañaran y trajeran dos, para no perder tiempo si había otro estropicio. Cuando llegaron los operarios, sudando, haciendo rodar las ruedas, Luminariatum pegó un respingo y gritó: "¡Pero qué idiota soy, cómo no se me había ocurrido antes!" Lo dijo en sumerio, claro. Luego, otros inventores gritaron: "Eureka", en griego, y se hicieron muy famosos, porque la historia es muy injusta; pero, en fin, a lo que iba: acababa de inventar la rueda propiamente dicha, o sea, la rueda para viajar, no para hacer girar el barro mientras te pringas haciendo floreros.

La alfarería de Luminariatum y su padre estaba cerca del zigurat, o sea, en todo lo alto de Ur, de manera que, cuando bajaba a entregar pedidos o a buscar arcilla, luego sudaba la gota gorda para volver, sobre todo si regresaba cargado. Por eso mi amigo no hacía más que pensar cómo subir las calles sin cansarse. La vagancia le hizo inventar la rueda y el carro. Lo que había pensado era hacer un agujero en el centro de las ruedas y colocar un cilindro uniendo dos. Encima puso una plataforma y le salió un carro. Así, tan ricamente. Atando una vaca al carro estaba todo hecho. La mar de contentos, fuimos al templo a pedir permiso para probar el invento y poner un negocio de transportes. El funcionario encargado de los permisos, que era un sacerdote llamado Sebón, un tío tan gordo que no bajaba del zigurat poque si lo hacía no volvía a subir, dijo que nanai. O mejor dicho, que el carro era para él. Así fue como nos convertimos en los primeros taxistas de la historia. Nuestro taxi sólo tenía un cliente y, además, carecía de taxímetro. Cuando a Sebón le apetecía darse un paseo por la orilla del Eúfrates, allí íbamos con el carro a traerlo y llevarlo. Por cada viaje nos pagaba con una estatuilla orante (no se había inventado el dinero). En pocas semanas, teníamos tantas estatuillas orantes en la alfarería que a Luminariatum se le ocurrió poner una tienda de recuerdos para los turistas egipcios que empezaban a venir en buen número. Menos mal que le leí el pensamiento a tiempo y le di la charla. ¡Cualquiera hablaba de otro negocio con el carota de Sebón!

En cuanto Sebón se hizo un poco famoso por el chollo que tenía con el carro, se le acabó la exclusiva, porque el rey Mersanipalda dijo que el semidiós era él, y allí el primero que tenía que ir sobre ruedas era su menda. Se hizo un carromato tremendo, que casi no cabía por las callejas más estrechas, y permitió que los sacerdotes, los escribas y los funcionarios fiscales viajaran en carros más pequeños. Luego, poco a poco, autorizó que se usaran para transportar mercancías, y hasta para viajar a Uruk, la ciudad rival, para ver si se morían de envidia. Con el invento del carro, mejoró la economía un montón. Se tardaba menos

en llevar aquí y allá materiales, se construyeron mejores caminos... Pero no me voy a enrollar con eso. Luminariatum y yo dejamos enseguida el negocio del transporte, que era una ruina, y durante mucho tiempo seguimos haciendo vasijas en la casa de su padre. Las estatuas orantes las enterramos sin que se enteraran los del templo. No nos dejaban sitio para trabajar. Las encontró, hace sesenta años, un arqueólogo británico, que se puso contentísimo. Si supiera, el pobre.

HE PENSADO EN TU INVENTO, Y SE ME OCURRE ALGO INTERESANTE.
¡VAMOS, NO QUIERO LLEGAR TARDE PARA MERENDAR!
¡GNN..!
¡EL DÍA DE LA PAGA...!
¡AQUÍ TENÉIS LA PAGA DE ESTE MES!
¡!
¿¡
¡ESTO EMPIEZA A PREOCUPARME!
EXTRA NAVIDAD
EXTRA VERAN
¡TENGO UNA IDEA!
¡CRÉEME, ESTO ES UN NEGOCIO CON FUTURO!
REGALOS

También en Egipto las gentes neolíticas se fueron juntando a la orilla de un gran río. Hay que ver lo útiles que os han resultado los ríos para civilizaros. El Nilo era un río mucho más enrollado que el Indo, el Tigris y el Eúfrates, pues siempre se desbordaba y volvía a su cauce por las mismas fechas, mientras los otros la armaban cuando menos se lo esperaba la gente. En Egipto, sabían que en julio empezaba la riada, que en septiembre se convertía en una inundación de tomo y lomo, y que, en octubre, todo volvía a la normalidad. Lo tenían más fácil. Y además, aunque manejaban un calendario en el que el año era casi como ahora, el Nilo les servía para calcular las estaciones. Era un chollo. Hombre, alguna vez se retrasó la movida, pero fueron las menos, de forma que los antiguos egipcios, que eran unos hormiguitas, tenían muy organizados los cultivos. Cuando se secaban las márgenes, una franja de unos quince o veinte kilómetros a los dos lados del Nilo, quedaba un terreno lleno de un barrillo, llamado limo, que hace la tierra muy fecunda; así que la sembraban y sacaban cosechones. De esta manera lo hacían a lo largo de los últimos mil kilómetros del río. Y en esa franja tan estrecha y tan larga levantaron su civilización, que ya sabéis que es famosísima. Y si no lo sabéis os lo digo yo, que estuve allí, molando con mi faldita corta de egipcio y trabajando con el escriba Copiotep y su hija, mi amiga Coleguisis, siempre guapísima con su vestidito de tirantes. Hasta fuimos a la solemne inauguración de una pirámide y el faraón casi la ocupa antes de tiempo. O sea, que no se murió porque estaba yo allí. Pero eso os lo cuento luego.

Estuve muy poco tiempo del mío y bastante del vuestro: tres o cuatro años. Fui, desde Ur, porque me picaba la curiosidad. Me habían hablado de unas tumbas gigantes, que resultaron ser las pirámides, y de una escritura preciosa, llamada jeroglífica, hecha a base de dibujitos representando escenas. No la hacían en tablas de arcilla, como los sumerios, sino en papiros, unas plantas que salen en los pantanos y que, cuando se secan, parecen papel gordo. En fin, que allá fui y me encontré todavía más sacerdotes, más funcionarios y más soldados que en Ur, y todos la mar de eficientes. Los funcionarios servían para controlar los canales con los que regulaban las inundaciones, canales que muchas veces les servían de vías de transporte, para ir de aquí para allá en barca, en lugar de hacerlo andando. Yo fui desde Asia central en un burro, dentro de una caravana. Me hubiera flipado ir en camello, pero faltaban mil años para que domesticaran los camellos. A veinte kilómetros o así del Nilo, llegando ya a Menfis, todo se puso verde, y lleno de canales, y en uno de los canales me cogí una barca. En barca que me fui casi hasta la puerta de la casa de Copiotep, que me admitió como aprendiz de escriba.

Como era escriba, Copiotep vivía estupendamente. El suyo era un buen curro. Menfis y Giza no eran metrópolis del estilo de Ur, porque los egipcios no tenían vecinos muy peleones y no necesitaban juntarse en grandes ciudades con murallas. Pero había palacios y templos, y los ricachones y los que estaban montados, como mi jefe, vivían en unas casas de aquí te espero. Las de los campesinos eran chuchurrías, para variar, porque estaban hechas de adobe y se las llevaba el Nilo un año sí y otro también; pero las de los generales, los escribas, los sacerdotes y demás eran otra cosa. Espaciosas, fresquitas, bonitas. Estaban hechas de madera y ladrillos secados al sol. Los egipcios del pueblo llano se repartían el trabajo, la comida y lo que había, pero aunque los de abajo eran todos muy iguales entre sí, eran muy poco iguales a los de arriba, que vivían mucho mejor. Para eso eran morrícolas. Copiotep curraba mucho, siempre estaba copiando cosas. Que si un informe del gobernador de Karnak sobre los morosos que no pagan tributos, que si la lista de pedruscos para la construcción del templo de Osiris en tal sitio... pero ganaba un pastón, bueno un pastón no, porque no existía el pastón, pero se lo llevaba crudo en cosas. Coleguisis y yo escribimos de todo, y lo pasamos muy bien. Ella tenía una letra jeroglífica mucho más bonita que la mía. Era la mejor mujer escriba de la época. Porque había mujeres escribas, pocas, pero había. Allí, a cambio de ayudar a Copiotep a llenar papiros y más papiros, zampábamos de todo lo que había en Egipto: pan de cebada, dátiles, cebollitas, frutas, carne, pescado, aves, miel, leche... Por culpa de Coleguisis, que siempre andaba picando, yo engordé allí, en la corte de Micerinos, el faraón de entonces. Todo el mundo decía que era un dios, y todos lo pensaban, menos él. Yo le leía el pensamiento y me daba la risa. Hasta el potito se inclinaba ante el faraón, incluso los astrónomos, los matemáticos, los médicos y demás, y eso que sabían un montón para la época. Yo sabía que eran listísimos porque iban mucho a casa de Copiotep y contaban cómo habían inventado el arado de madera, la fundición del bronce, el calendario, las pesas y medidas y qué sé yo cuántas cosas más. Pero con lo del faraón no había manera de abrirles la mollera. Convencidítos estaban de que podía hacer llover, o de que era capaz de fulminarlos con un guiño. Micerinos estaba allí sentado, tan pancho y, mientras lo adoraban todos aquellos picatostes, él venga a pensar pijadillas: que si aquella columna de la derecha es más gorda que la de la izquierda, que si el dios Thot –el de los escribas– era un antipático, porque jamás se le había aparecido a él, que era más dios todavía; y así varias horas, mientras los picatostes tenían ya los riñones molidos.

El caso es que, por entonces, en lo que llamáis Imperio Antiguo, el dios más dios era el propio faraón. Kefrén, el papá de Micerinos, había decretado que Ra, el Sol, también era igual de dios. Al contrario que en Ur, el rey, o sea, aquí el faraón no era medio sacerdote, no. Los sacerdotes venían después de él, y mandaban mucho, pero ni la décima parte. Principalmente eran los encargados de dirigir desde el templo las grandes edificaciones que ordenaba el massa Micerinos. Sobre todo se montaban numeritos de órdago con los edificios funerarios, pues los egipcios rendían mucho culto a los grandes personajes muertos. Como eran muy avanzados en medicina, los embalsamaban estupendamente, porque decían que así se conservaban para la otra vida, y los enterraban en tumbas complicadísimas, a las que no se podía llegar, rodeados de sus riquezas y sus cosas personales, y hasta de papeo para toda la eternidad. El no va más en esto eran las pirámides. Yo estuve, con Copiotep y Coleguisis, el día de la inauguración de la pirámide de Micerinos, la más pequeñita de las tres famosas, las que están en Giza y salen en todos los libros y todas las postales. Allí se juntó toda la gente guapa de Menfis y Giza, con Micerinos a la cabeza. Por aquel entonces, los faraones, ya veis qué macabros, se hacían un cacho tumba en vida y asistían a su inauguración tan contentos.

La pirámide de Micerinos, aunque es más canija que la de su padre Kefrén y su abuelo Keops, es de todas formas un mamotreto de cuidado, hecho con varios millones de toneladas de piedras. No la construyeron, como se cree por ahí, los esclavos, que estaban para servir y para otras cosas. No. La hicieron egipcios libres, que se deslomaron por un sueldo y, sobre todo, por servir a su rey y su dios. Todo lo organizaban los sacerdotes en el templo. Ordenaban hacer canteras en la zona seca, donde no llegaban las inundaciones y había montones de pedruscos. Luego, abrían canales que llegaban desde el Nilo hasta allí, para poder transportar los tochos de piedra en barcas. O sea, que muchas veces tenían que esperar a la estación lluviosa para hacer el porte. Luego, desde el canal hasta la base de la pirámide, las llevaban en trineos, porque no usaban ruedas. Y las iban colocando una encima de otra, utilizando rampas de cascotes y andamios de madera. Así, varios años, lo menos cien mil curritos. Me canso recordándolo.

Pero decía que, el día de la inauguración, estaban allí todos los famosones de entonces. El más chulo era el general Retiradatón, que llevó a lo mejor de su infantería, con sus escudos de madera y sus lanzas con punta de mental, y a unos cuantos arqueros nubios, que donde ponían el ojo ponían la flecha. Le daba rabia no tener carros de guerra, porque en Egipto no se usaban aún, y le parecía que el embajador libio, que estaba allí y sí los tenía, lo miraba por encima del hombro. No os cuento lo que pensaban el uno del otro, que lo leí en sus mentes, porque es demasiado fuerte. También estaba el primer ministro Fantasmisis, uno de los más pelotas. El tío batía el récord mundial de reverencias, y eso que tenía ciática. El gran sacerdote Milagrisis estaba calvo como una pelota y se pasaba la vida pidiendo a los médicos que, en lugar de tantos ungüentos contra la tos, inventaran el crecepelo. Estuvo toda la inauguración secándose el cráneo, porque hacía un calor de tres pares de pirámides. El arquitecto Chapuzastón pasó más miedo que vergüenza, porque era muy tímido e inseguro, y creía que la pirámide se podía derrumbar cuando cortaran la cinta. En fin, que había un mogollón de mandamases y mucho público. Y allí estaba yo haciendo manitas con Coleguisis, sin que se diera cuenta Copiotep, que era el encargado de escribir todo lo que pasaba. Y en ésas, antes de cortar la cinta, al faraón le da la ventolera de que le han hecho un sarcófago pequeño, y el escultor que dice que no, y él que sí, hasta que decide probarlo. Se mete en el sarcófago –que le sentaba como un guante, por cierto– y viene una ráfaga de aire del desierto y se le cierra de un portazo. Se armó un buen lío. Como no podían abrirlo, mandaron a buscar la llave al templo, pero el médico Destripatep dijo que no daba tiempo, que se ahogaba. El gran secerdote se enfadó con el médico y le dijo que Micerinos era inmortal y que no dijese más tonterías. El general, por si acaso, quería que los arqueros nubios abriensen unos agujeritos a flechazos. Y mientras, el farón sin aire. A todo esto, Copiotep, que yo creo que fue el inventor de la profesionalidad, les pedía que discutiensen más despacio, porque no le daba tiempo a copiarlo todo. Al final abrí yo, que hice un curso de cerrajería en Q-3, y la verdad es que lo conseguí justo a tiempo, porque Micerinos estaba ya de color morado. El caso es que me hice la mar de famoso y, como ya había quien decía que yo era también un dios, me las piré. Menudo rollo si empiezan a adorarme y a probarme sarcófagos. Me dio pena marcharme, porque con Coleguisis estaba muy agustito. En fin, así es la vida. Al menos me quedó una inmejorable impresión de las egipcias.

¡A MÍ, ME PARECE DEMASIADO PEQUEÑO!
¡!
¿?
EL FARAÓN QUISO SALIR DE DUDAS, Y...
¿?
¿?
¡...SE CERRÓ EL SARCÓFAGO!
¡!
¡BLAM!
¡¡NO SE PODÍA ABRIR!!
¡EL FARAÓN SE ASFIXIA!
¡ESTO LO ARREGLO YO DISPARANDO UNAS FLECHAS!
¡PREPARADOS...!
¡APUNTEN...!
¡TENGO QUE HACER ALGO!
LOS GUERREROS NUBIOS ERAN MUY PELIGROSOS...
¡NO, ALTO...!
¡¡TENGO LA LLAVE!!
¡TODO QUEDÓ EN UN ATAQUE DE TOS!
¡COF! ¡COF!
¡ERES UN HÉROE!
...GRACIAS A RA, RAMSÉS, SU COLEGA...
¡MUAC!
COPIOTEP TOMABA NOTAS. ¡YO... ESTABA OCUPADO!

1.700 AÑOS ANTES DE CRISTO

Como en estos viajes interplanetarios de estudios tenemos nuestros ratos de ocio, después de abandonar Egipto, me cogí unos siglos libres y anduve por ahí mirando continentes y cosas. La verdad es que en Europa, en África y en América encontré neolíticos más que otra cosa. Incluso algunas bascas en plena Edad de Piedra, que conocían el fuego de chiripa. El campo daba gusto verlo en todas partes. Como casi no cultivaban en ningún lado, no talaban bosques; y como en todas partes había pocos habitantes, tampoco quemaban nada o casi nada, y los incendios eran raros. En fin, que cuando acabaron los siglos de esparcimiento, me volví a Mesopotamia, porque era allí y en Egipto donde estaba más animado el cotarro. Bueno, en China también, pero me apetecía volver allí. Hacia el 1.700 antes de Cristo, tiré para Babilonia, que era la ciudad de moda; pero antes de llegar, me metí en un lío tan gordo que todavía me da tembleque recordarlo. Andaba un poco colgado, aguas abajo del Eúfrates, pensando en mis cosas, o sea, en los exámenes parciales que me esperaban a la vuelta de la esquina, a cosa de 4.000 años de nada, cuando me metí en una guerra. Por todo el morro. Salí de un bosque, llegando a la orilla del río, y se me vino encima un mogollón de lo menos cinco mil babilonios furiosos. No conmingo, sino con otros tantos guerreros de Larsa, ciudad rival de Babilonia, a la cual Hammurabi, el massa babilonio, quería echar el guante. Y yo, el pacífico extraterrestre en viaje de estudios, allí en medio. Con el cuidado que había puesto de escaquearme de las batallas en Ur y en Menfis, porque ya me parece haber dicho que uno es alienígena pero no bobo. El caso es que me escapé por los pelos. Es un decir, porque los pelos eran postizos, pues los de Q-3 no tenemos de eso.

Unos y otros guerreros gritaban como locos y, cuando estaban a cien metros y yo pensando tirarme al río para que no me pillaran, empezaron a llover pedruscos. Los lanzaban con hondas, que eran sus armas favoritas. Madre mía, cómo las manejaban. Unos virtuosos, los tíos. Así que se me quitaron las dudas, y al Eúfrates que te crió. En mi planeta nadamos como peces, pero el problema no era ése, sino los cocodrilos, que hace 3.500 años se criaban mucho más hermosos que ahora. Menos mal que me encontraron raro y pasaron de mí. Desde la otra orilla vi cómo acababan ganando los de Hammurabi. La cosa iba empatada, o sea, que eran igual de bestias, hasta que los babilonios sacaron del bosquecillo unos carros de combate. La verdad es que eran un poco birrias: de madera y tirados por mulos, con un conductor y un lancero cada uno; pero los de Larsa se asustaron. Es la ventaja de los inventos, que aunque sean una chuminada, dejan nota a quien no los conoce. Con esa victoria y otras más, Hammurabi, que era amorrita, se apoderó de toda Mesopotamia, que entonces se repartían los elamitas y los amorritas, que habían echado a los acadios, que a su vez habían vencido a mis amigos los sumerios. A los terrícolas, tanto pringadícolas como morrícolas, ya os gustaban los líos hace miles de años. Total, que Hammurabi se hizo el amo, y yo, que soy un poco pelota porque no tengo mucho valor terrícola, me apunté a Hammurabi y me subí al carro del vencedor. Me subí de verdad, a la parte de atrás, y casi me parto las antenas. Pero me sujeté bien y, como decís ahora, le vendí la moto a Hammurabi. Me habían dicho que era un tío muy legalista, que estaba todo el día dictando leyes, y por eso le conté que yo era un experto en leyes. De esa manera, conseguí que me empleara de pasante, o sea, chico para todo, en el equipo de juristas de Babilonia.

Hammurabi era un señor terrible, porque le encantaba conquistar, y para conquistar tenía que hacer escabechinas. Pero eso les pasa a todos los mandones, sobre todo si son emperadores. Aunque estaba de los nervios con lo de hacer leyes, tenía sus cosas buenas. Por ejemplo, no prohibió que los sumerios hablaran sumerio y los acadios, acadio, aunque decretó que el idioma oficial era el babilonio. Eso, por cierto, se le ocurrió un día que estaba en su carro, mirando cómo sus honderos descalabraban a los soldados de Asur, otra ciudad rival. Como en lo de las leyes era de aquí te pillo, aquí te mato, ordenó que fueran a buscar al palacio a unos picapleitos con tablillas y punzones para apuntar la ley. Y allí que fuimos tres, con los pelos de punta, para copiar la ideíta del jefe. Menos mal que cuando llegamos ya habíamos ganado. La verdad es que según íbamos al campo de batalla, nos daba igual que hubiéramos perdido. Con tal de que no hubiese lucha, lo que fuera. También le gustaban mucho la arquitectura y la ingeniería.

Estaba todo el día dando la barrila a los arquitectos para que reconstruyesen los templos e hicieran nuevos palacios, y a los ingenieros para que tendieran puentes y mejoraran el servicio de abastecimiento de aguas, los canales de riego, y lo que se le pasaba por la corona. Les ponía la cabeza como un bombo, pero dejó Babilonia que daba gusto verla. Era tan bonita como Ur, que no estaba lejos. Yo no quise ir a ver lo que quedaba de ella, porque me daba pena.

Lo que os voy a decir quizás no os guste tanto como lo de los palacios, pero vuestros historiadores lo consideran bueno. El caso es que Hammurabi era muy aficionado a hacer escuelas. Mandó construir un montón. Y le molaba que los niños escribieran de maravilla, con las letras cuneiformes, en las tablillas. Los niños morrícolas, claro, porque allí había mucha justicia y mucho arquitecto, pero, igual que en tiempos de Ur, no erais nada iguales. Seguían existiendo

aristócratas, terratenientes, pringadillos tales como artesanos y comerciantes y esclavos. Todavía me acuerdo de uno de los dictados que se hacían en el Colegio Marduk –casi todos se llamaban Marduk, que era el dios de aquella gente– y que se le había ocurrido a Hammurabi en persona. Decía así: "Aquel que sea el mejor en la escritura resplandecerá como el sol." Y todos los niños lo escribían en sus tablillas una y otra vez. Luego he sabido que unos arqueólogos encontraron una de esas tablillas y les pareció preciosa. Yo puedo asegurar que a los pequeños babilonios, que estaban de la frasecita hasta el gorro, no les hacía tanta gracia.

Los juristas babilonios estábamos en el palacio, que era, junto al templo, el edificio más importante. Trabajaban como burros, por la manía de Hammurabi. Bueno, más bien trabajábamos los pasantes, porque los juristas mayores le decían amén al emperador y luego nos entoligaban todo el copieteo a los machacas. Allí tuve un amigo estupendo, que también era aprendiz. Se llamaba Legisluk, y era sobrino de una prima lejana de un ministro. Ya se había inventado el enchufe, como veis. Legisluk y yo nos escaqueábamos bastante, porque como yo leía el pensamiento de Hammurabi, sabía cuándo se le estaba ocurriendo una ley, de manera que le susurraba a mi amigo: "Está pariendo", y los dos nos perdíamos por los rincones más apartados del palacio. De todas formas, nos tocó escribir muchas de las leyes del Código de Hammurabi, que es su gran obra, porque es una de las primeras legislaciones de la historia, que se conserva en una escultura llamada estela y fue muy copiada por civilizaciones posteriores. Hammurabi llevaba años pensando el código, pero sólo tuvo tiempo de escribirlo –es un decir, porque lo escribimos nosotros, ya que él sólo dictaba– al segundo año de lograr unificar el imperio. Unificar el imperio, que llegaba hasta el golfo Pérsico, quiere decir moler a lanzazos y pedradas a todos sus enemigos. El caso es que

Hammurabi, que era un poco presumido, declaró aquel año como: "El año en que creé la justicia", y todo el mundo dijo que así era. Como para llevarle la contraria. El código no era totalmente obligatorio en todo el imperio. Servía para que se inspirasen en él en todas partes. Hablaba de un montón de cosas. Dividía a la gente en hombres libres, subordinados y esclavos. Si un hombre libre sacaba un ojo a otro hombre libre, se le condenaba a perder un ojo. Si le daba un sopapo que le partía un diente, pues se le sacaba un diente. Esta es la famosa ley del Talión, que dice: "Ojo por ojo, diente por diente", pero lo mismo podía decir "Pie por pie, juanete por juanete". Si un hombre libre desgraciaba a un subordinado, con una multilla lo arreglaban. Así es la vida de injusta desde aquellos tiempos. El Código castigaba con la muerte los robos o sacrilegios contra el palacio o el templo. Como no existían juicios como los de ahora, con fiscal, defensor, pruebas y todo eso, bastaba con que pillaran al culpable con las manos en la masa. A veces decidía el propio Hammurabi. En otras ocasiones, los adivinos miraban las aguas, haciendo unos ritos que se llamaban ordalías y, según lo que vieran, decidían si el acusado era o no inocente. Yo miré muchas veces las aguas y sólo me vi el careto. No sé qué verían los brujos, aunque les leía la mente y en esos casos la solían tener en blanco.

El Código también era un poquito feminista, porque reconocía derechos de las mujeres que luego no se reconocieron en otros sitios. Por ejemplo, establecía la personalidad jurídica de las casadas, que podían administrar su propia dote, que es la pasta y las joyas y las tierras y todo lo que aportaban al matrimonio. Además, obligaba a los arquitectos a ser responsables de lo que construían, de manera que, si se hundía una casa, tenían que pagar los daños al amo de esa casa. Y muchas cosas más de las que ya no me acuerdo. Sí recuerdo que Legisluk y yo casi le metemos un gol a Hammurabi, porque un día, cuando se estaba haciendo la estela, que luego se colocó por todo el imperio, nos inventamos un artículo del código que decía: "Todos los hombres son iguales y tienen los mismos derechos." Pero no coló. Faltaban más de treinta siglos para que colara esa idea. Menudo cabreo se cogió el jefe de juristas, Caratortabi. Si se llega a enterar el emperador... Afortunadamente, andaba por el Tigris, reclutando astrónomos, médicos y matemáticos, que le molaban tanto como los arquitectos. El caso es que caí en desgracia y no leí cosas agradables en la cabezota de Caratortabi, así que me di el piro, disfrazado de abuelilla acadia, y me esfumé por esas tierras de Dios, como se dice en vuestro planeta.

ANDABA POR MESOPOTAMIA, CUANDO, DE REPENTE...
¡...ME ENCUENTRO EN MITAD DE UNA BATALLA!
¡GRR...!
EVITÉ LOS EFECTOS DE LAS ARMAS, PERO NO CAÍ EN...
¡CROC!
...LAS PIEDRAS!
¡¡LAS HONDAS ERAN SUS ARMAS FAVORITAS!!
WHOOS
¡NO HABÍA TU TÍA...
A CHAPOTEAR AL EÚFRATES!
¡AK!
¡LO QUE FALTABA...!
¡...COCODRILOS...!
¡BURP!
¡...A MONTONES!
¡SPLUT!
¡MENOS MAL QUE EL EXTRATERRESTRE NO ES SU PLATO FAVORITO!
¡FUAG!
?¡

LA CHINA DE LAS CIEN ESCUELAS, CON PERDÓN

AÑO 1000 ANTES DE CRISTO

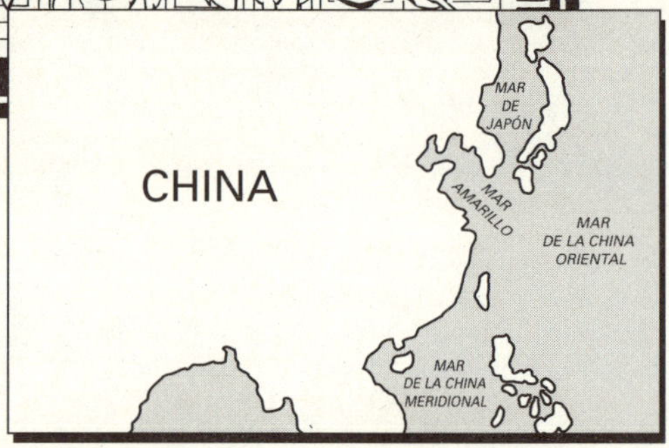

Cuando llegué a China, allá por el año 1000 antes de Cristo o así, me quedé pasmado. Mira que me había dado caminatas por el Indo, Mesopotamia y Egipto, pero aquello era el no va más. Cada sitio estaba a la tira y pico del lugar más cercano. Tenías un pueblo vecino y como si tuvieras una nevera en el polo, porque con aquellas distancias lo mismo no lo veías en la vida. Pero, aunque estaban a freír espárragos unos de otros, eran muchos pueblos y tenían una civilización muy curiosa. Los chinos que yo conocí pensaban que la humanidad había sido creada por Pangu, que salió de un huevo, hizo al hombre y palmó a los 18.000 años. Un chavalín. Aunque nació como los pollos, Pangu era un dios. El primer emperador de carne y hueso, con padre y madre y sin yema, había sido, según las leyendas, Huangdi, el inventor de la escritura, la ganadería, la civilización y la brújula. Lo de la brújula no pega mucho con sus otros inventos, pero se ve que se cansó de ideas económicas y culturales grandiosas y le dio por crear un modesto cacharrito, la mar de útil, desde luego. En realidad, todo eso son bonitas historias, mitos de esos que decís vosotros. La verdad pelona es que en China, como en todas partes, pasasteis del Neolítico a la civilización gracias a los ríos. Por ejemplo, el Amarillo, llamado así por las ricas tierras amarillas o *laes* de su cuenca, y el Yangtsé, con unas orillas también muy fértiles. Ocurrió más o menos lo mismo que en los sitios que os he contado ya. La diferencia principal que vi en aquella civilización es que eran muy remirados. Remiradísimos. Los chinos aquellos eran los tíos más ceremoniosos que he visto en mis tiernos 50.000 años. No es de extrañar que, siendo tan tiquismiquis, inventaran el bordado, la escritura de miles de caracteres distintos, la brújula, el arroz –bueno, no lo inventaron exactamente, pero en seguida dejaron el trigo y se dedicaron a él a lo bestia–, las partituras musicales, la imprenta primitiva (Gutenberg volvió a inventarla mucho más tarde) y gran cantidad de técnicas virgueras para trabajar el bronce, el jade y el marfil. Ellos también manejaron muy pronto el hierro. O sea, dentro de la edad de los metales, pasaron de los primeritos de la edad del bronce a la del hierro, lo cual les dio mucha fuerza militar, porque no veais cómo las gastaban con las espadas y las flechas de hierro, mucho más duras que las de bronce. También les sirvió para hacer arados mejores y progresar en la agricultura. En fin, que eran remirados e inventores totales. Hasta la ballesta y la carretilla se les ocurrieron antes que a los demás.

Cuando yo estuve, no se había construido aún la Gran Muralla, pero se les veía venir, porque eran unos maniáticos de las murallas, que además les salían de vicio. En cuanto un pueblo crecía más de la cuenta y se convertía en ciudad, lo amurallaban. Tenía su lógica, porque necesitaban defenderse de los ataques de las tribus nómadas de las estepas del centro de Asia, que, además de bastante brutas, eran pesadísimas. Yo me dejé caer por una ciudad que se llamaba Prin-Gaoh, de la que no quedan recuerdos. En Prin-Gaoh vivía mucha, muchísima gente. Ya entonces China era la zona más poblada del planeta. Allí, como en el resto del noroeste de China, estaba naciendo un imperio, el de la dinastía Chu. Para China era una época decisiva, porque habían cambiado a los emperadores Chang, que se habían vuelto muy malos, según me contaron. A las gentes de las ciudades, los nuevos, los Chu, les molaban más.

Los Chu iniciaron grandes conquistas e hicieron un pedazo de imperio; pero, como las ciudades y los sitios estaban tan lejos unos de otros, dejaron jefazos en cada punto. Estos jefes locales se hicieron pronto amos absolutos de sus ciudades, sus gentes y sus tierras, porque por allí aparecía un funcionario imperial cada 29 de febrero. Así nació una especie de régimen feudal, con muchos caudillos provinciales. Esto, mezclado con lo remirados que eran, dio origen a mi aventura en China, donde fui escudero del capitán Doi Pal Pelo, jefe de la guardia del gobernador Cho Yo, señor feudal de la ciudad de Prin Gaoh y sus alrededores. La verdad es que llegué con la idea de trabajar de inventor, pero como os he dicho, para la época en que estaban, lo habían inventado todo y más. Así que pedí trabajo en el palacio y me ofrecieron un puesto de escudero. Yo dije que nanay, pero resultó que no era una propuesta, sino una orden. Temblando, me incorporé al ejército chino, con tan mala suerte –creía yo–, que lo hice justo cuando habían preparado una batalla contra las huestes de la ciudad vecina de Chin Gaoh, con la que había gran rivalidad por estar sólo a ochocientos kilómetros.

Como me pasó en Babilonia, aquello era llegar y besar el santo. O peor, porque allí ya conocían el hierro y la caballería, que era una cosa mucho más peligrosa que los carros con las mulas. Diez días estuve sin dormir, de puro canguis. Mi jefe, el capitán Doi Pal Pelo, me veía las ojeras y pensaba que estaba enfermo. Yo no lo desengañaba, por ver si me consideraba inútil para la lucha. Como no decía nada de librarme, un día le planteé el asunto, y me dijo: "El montículo que no desespera llega a ser volcán." "A la orden", contesté. Luego supe que aquello no era una broma, sino un proverbio. La víspera del jaleo, en mi desesperación, le dije que era un estudiante de otro planeta. Menos mal que pensó que le contaba un proverbio –todo lo arreglaban con proverbios–, porque si me llega a creer, se me acaba el viaje de estudios. Me tomó por sabio y dijo que era justo lo que necesitaba en la batalla. Si llega a pasar un platillo, lo hubiera cogido en marcha.

Llegó el día de la batalla, que tenía fecha, hora y sitio fijados anteriormente por las dos partes, lo cual me hacía sospechar que los chinos estaban como cabras. Y allá

que fuimos lo menos veinte mil hasta un valle en el que había otros cuarenta mil de la ciudad rival. Al ver semejantes masas, no pude evitar imaginarme la matanza que se avecinaba y pensar en la que nos iban a dar los enemigos, que eran el doble. Pero no. He aquí que forman los cuarenta mil de ellos y los veinte mil nuestros, frente por frente unos de otros. Luego, todos quietos como estatuas. Y yo, temblando, me llevé varios coscorrones del capitán, que me decía que respetase las tradiciones, me estuviese quieto y pensara unos proverbios sobre todo aquello. Luego, dos horas de reverencias, y al final salen quinientos guerreros de ellos y quinientos nuestros al espacio que queda entre las dos masas, y se lían a mamporros, espadazos, lanzazos y demás. Ganaron los quinientos nuestros, que se volvieron a nuestras filas. Los supervivientes del enemigo también regresaron con su gente. Nos hicimos reverencias los sesenta mil, y cada uno para su casa. ¿Qué os parece?

Aquellos chinos eran así. Sus batallas las libraban unos cuantos en representación de todos, de manera que había pocos muertos y heridos. Más o menos como algunos partidos de fútbol terrícolas. Sus costumbres y tradiciones eran tan fuertes que nadie las violaba, y veinte mil ganábamos a cuarenta mil sin que se quejara nadie. Aunque corrió la sangre y me puse triste, no puedo negar que fue la batalla menos inhumana de todas las que vi entre vosotros. Pocos siglos después, los propios chinos ya no eran tan caballerosos.

Dando gracias a todos los dioses chinos, y a los sumerios, babilonios y egipcios, volví con el capitán y los demás a Prin Gaoh, donde pasé unos siglos estupendos. Como en todas partes, en las ciudades vivían los poderosos o morrícolas y las clases medias, es decir, los artesanos, los sacerdotes, los comerciantes, los soldados, médicos, arquitectos y demás. Y en el campo, los campesinos, que eran pobres y muy poco libres. Pero yo, de escudero, no me podía quejar. Era un privilegiado y estaba en una época divertida, que llamaron de Las Cien Escuelas en la que florecían las artes y las letras. Hasta hice buenas migas con una hija del capitán Doi Pal Pelo, la dulce Ro Yi Toh, que me enseñaba a hacer maravillas con la seda y las porcelanas. No la veía mucho, porque para verla había que pedir permiso al padre, con unas palabras muy floridas y hacer unas complicadas reverencias. Y luego tenía que pedir permiso a la propia Ro Yi Toh de forma similar. Y hablábamos, porque así lo ordenaba la tradición, con unos miramientos que te pasas. Lo que quiero decir es que me hubiera apetecido verla mucho más de lo que la vi, pero se perdía tanto tiempo... En todas partes hay inconvenientes. En China las ceremonias, las tradiciones y todo eso me ponían un poco nervioso. Pero, aunque era un rollo cebollo, aquello servía para que se respetara a los ancianos y a los débiles y no se denigrara a los muertos, lo cual está bien.

En China permanecí cuatro o cinco siglos, con varios capitanes y varias hijas de capitanes, aunque ninguna tan lista y tan guapa como Ro Yi Toh. Antes de irme, llegué a conocer a Confucio, que era un noble al que le dio por pensar en el bien y en el mal. Lo entristecían las guerras y las maldades y elaboró unas normas de conducta para las personas. No sólo debían pensar bien, sino portarse bien y hacerlo con arreglo a muchas leyes tradicionales que habían

de ser eternas. Fue un filósofo muy importante y tuvo un éxito enorme. Pronto, tres mil discípulos suyos recorrían toda China difundiendo su pensamiento, que llegó a ser el pensamiento oficial del imperio, cuando éste se hizo mucho más fuerte. Hacia el siglo III antes de Cristo, cuando yo ya no estaba, China seguía casi igual, pero con una administración muy eficaz, formada por cientos de miles de funcionarios que ocupaban sus cargos después de pasar exámenes que no veais, en los que se tenían que saber todo lo que había dicho Confucio de pe a pa. El confucianismo era una plastez, pero Confucio no era mala persona. Todo lo contrario. Os lo digo yo, que lo traté un poco. Pero mi mejor recuerdo es el de las charlas ceremoniosas con Ro Yi Toh. Gracias a ella guardo una grata impresión de China.

TAMBIÉN ESTUVE EN CHINA.
¡EO!
TODAVÍA NO EXISTÍA LA GRAN MURALLA.
CONOCÍ A CONFUCIO. ¡TENÍA UN COCO QUE TE PASAS!
¡NO PARABA DE DECIR PROVERBIOS!
¡BLA, BLA, BLA, BLA...!
¡ZZZZ... PFIIUUU... ZZZZ...!
QUISE TRABAJAR DE INVENTOR...
¡SE LLAMA PÓLVORA, Y ES LA BOMBA!
¡TIRA "P'ALANTE" QUE TE VOY A DAR UNA COLLEJA POR ESCAQUEARTE!
¡OIGA, QUE SE LO JURO!

VN CHICHÓN OLÍMPICO

SIGLO V ANTES DE CRISTO

Tras marchar de China, volví un tiempo a Mesopotamia y me toqué la barriga y las antenas en Babilonia durante una buena temporada. Después de los cuelgues que me cogí en los jardines colgantes, valga la redundancia, yo creía que no iba a ver nada igual en vuestro planeta de chiflotas; pero no tardé ni doscientos años en saber que me equivocaba. Lo que vi y disfruté en Grecia, en Atenas y Olimpia, cuando estaban por allí Pericles, Fidias y Sócrates, que era el filósofo más feo de toda la zona mediterránea, pero la mar de sabio; y cuando construían el Partenón y hacían unas estatuas que parecía que iban a echar a andar, y unas obras de teatro que te ponían las antenas de punta. Todo eso me resulta muy difícil de contar. Cuando volví a Q-3, hace un rato de unos treinta años, Grecia era muy bonita, pero entonces, en el cuatrocientos y pico antes de

Cristo o así, lo era mucho más. Estaba más verde, había unas viñas, unos pinos... en fin, no os voy a poner los dientes largos. Sólo os diré que estando allí fue la única vez que sentí pena de no ser terrícola. Bueno, la verdad es que cuando participé como discóbolo ateniense en unos Juegos Olímpicos y descalabré con el disco al jefe de la delegación de Esparta, ciudad que tenía mucha tirria a Atenas, después de sacarle un ojo a la estatua de Zeus, hubiera preferido estar en el hiperespacio. Pero el resto del rato, jopé, el resto del rato...

Ya había oído hablar de ellos. Por el tiempo en que estuve en Egipto inaugurando pirámides, ya corrían rumores sobre unas gentes muy enrolladas en la parte de Grecia. Eran los minoicos y formaban una civilización que, cosa rara, no había nacido a la orilla de un pedazo de río. Me alegró saberlo, porque ya estaba un poco harto de ríos a lo bestia. A los minoicos la cosa les cundió en una isla, en Creta. O sea, a la orilla del mar, que mola lo suyo. Aquellos minoicos son esos que veis en las vasijas de los museos, saltando con pértiga ante unos toros. Les iba la fiesta y no hacían distingos machistas en eso, porque había cantidad de toreras. No cortaban orejas ni esas cosas, pero se lo pasaban bien, porque hacían mucho ejercicio. También luchaban y saltaban un montón, razón por la cual eran unas bellezas clásicas y se veían pocos michelines en la zona. Tenían un palacio chachi, el de Knossos, en Creta, y muchos dioses, como luego los griegos. Vivían de la agricultura y del comercio y eran navegantes de primera, que para eso estaban en mitad del mar. A base de navegar, influían en muchos sitios, incluida Grecia propiamente dicha, o sea, la de tierra firme, donde los antiguos habitantes se iban mezclando en paz con tribus procedentes del norte e iban formando ciudades-estado y una civilización cada vez más importante.

Llegué a Atenas cuando hacía poco que la habían destruido los persas del rey Ciro. Los atenienses abandonaron adrede la ciudad y luego vencieron a los persas en la batalla de Salamina, de la cual me libré por los pelos, afortunadamente. Así que estaban afanados, curra que te curra, reconstruyéndola bajo la dirección de Pericles, el massa de turno. Pericles no era un gran sacerdote, ni un rey, ni un semidiós. Era otra cosa. Pericles era un estratega, un ciudadano que gobernaba porque había hecho méritos luchando por su ciudad y porque le habían votado los otros ciudadanos libres de Atenas. Allí había democracia. En realidad la habían inventado, aunque sólo valía para los hombres que no eran protegidos, o sea, pelanas, o esclavos. Era una democracia para los de clase acomodada y los ricos, pero menos da una piedra, sobre todo teniendo en cuenta que aquello era la Antigüedad y que Pericles y otros procuraban que cada vez fuese libre más gente. Comparados con Sumer, Egipto y demás, eran unos corderitos. Pero se me va la olla. Estaba hablando de Pericles, al que fui a pedir curro. Como yo estaba escarmentado por ir de mindundi en todas partes, había adoptado una forma terrícola muy musculosa, de manera que me quiso hacer soldado. Otra vez había metido el cuezo. Por fortuna, estaba a su lado el consejero Plastágoras, que era filósofo y entrenador de discóbolos, y le pidió que me destinara a su equipo, pues poco después habría Juegos Olímpicos y andaba con un equipo de chicha y nabo en la categoría de cadetes. Así que me fui con Plastágoras, que me llevó a su gimnasio de las afueras de Atenas y me puso en forma, además de ponerme al tanto. No tenía rollo ni nada, el Plastágoras.

Entre ejercicio y ejercicio, me contó toda la historia de Grecia. Me aprendí los dioses como otros se saben la alineación del Betis: Zeus, Era, Poseidón, Deméter, Apolo,

Artemisa, Ares, Afrodita, Hermes, Atenea, Hefaistos y Hestia. Y no me aprendí únicamente la alineación, qué va, también todos los líos de los dioses, que eran, la verdad, unos broncas y unos culos de mal asiento. Por ejemplo, Zeus, el dios principal, no era ningún angelito, porque derrocó a su papá, Crono, y machacó a los Titanes, que, como se puede suponer, eran un pelo de bestias. Atenea, por poner otro ejemplo, ya era especial desde pequeñita, porque nació de la cabeza de Zeus, y armada y con un casco en la cabeza. Ella era la diosa de la industria y la inteligencia. Poseidón era el de los mares, Afrodita la de la fecundidad, y así todos, pues cada dios tenía un curro. Esto no lo estudiaban los sacerdotes o los teólogos, sino que se lo iban imaginando los poetas, que en Grecia tenían mucho prestigio. De esta manera les salió una religión la mar de bonita, en la que los

dioses simbolizaban todas las facetas de la vida y servían de modelos de comportamiento, bueno o malo.

Yo venga a sudar, discazo va, discazo viene, y Plastágoras hablándome de cómo Atenas llegó a ser la ciudad principal del mundo griego, tras la caída de la civilización micénica –la de los minoicos–, que se chingó después de la guerra de Troya. Que si tal batalla con Esparta, que si tal guerrita con los persas... Luego, me hablaba de Tales de Mileto, que había vivido hacía poquito, y predijo un eclipse en el 585 antes de Cristo, y sabía cantidad de cantidades, pese a ser un hombre de negocios. O sea, no quiero decir que un hombre de negocios tenga que ser un asno, sino que éste era filósofo, astrónomo y sabio en general, y encima tenía tiempo de hacer negocios. Dejaba en paz a Tales y la emprendía con Demócrito, otro gran sabio que creía que el mundo estaba hecho de átomos locos, que se juntaban y se separaban... Y si no me daba el rollo Plastágoras, me lo daba Sócrates, el feo, que era, junto al escultor Fidias, el amigote de Pericles. Así como Pericles era cultísimo, inteligentísimo y perfecto de cuerpo, salvo en la cabeza, que la tenía apepinada, aunque cualquiera se lo decía, Sócrates, que también era un cerebro, claro, pasaba del cuerpo y de la ropa ampliamente. Es raro, porque los griegos eran como los actores de Hollywood de ahora y se cuidaban un montón el cuerpo. Pero era un buen ciudadano libre y, como todos, participaba en las asambleas y había hecho el servicio militar y luchado en defensa de la ciudad. Decía que lo importante eran el espíritu y el comportamiento. Rajaba un montón el Sócrates y hacía unos interrogatorios, usando la lógica, que parecía que era como yo, o sea, que leía el pensamiento. Sócrates no escribió nada, pero todo su pensamiento lo recogió después Platón, otro filósofo de tomo y lomo. Ellos dos junto con Aristóteles, director del Liceo, la escuela, con perdón, más célebre de la historia, son los grandes pensadores clásicos, y los occidentales de ahora todavía pensáis en gran parte como ellos.

No fueron los únicos, también existió Anaximandro, autor del primer mapa, Hipócrates, el matasanos, un hacha para su época y cientos de pensadores, científicos, escritores y artistas. Aquello era la bomba, la verdad. Y encima tenían Juegos Olímpicos. Yo fui a unos con el equipo ateniense de Plastágoras. Se celebraban en Olimpia, cada cuatro años, como ahora, en las fechas del primer plenilunio posterior al solsticio de verano, que es una manera retorcida de decir cuando llegaba el calorazo. Iban equipos de todos los lugares del mundo griego y había cantidad de espectadores. Acudían también compañías de teatro, titiriteros de los de entonces, artistas y sofistas, que animaban el cotarro. Los sofistas se subían a unas tarimas y se largaban discursos unos a otros, discutiendo como pirados. Lo mismo rebatían la idea de Aristóteles de que la Tierra estaba colgada en mitad del universo, asegurando que está dentro de una caja de cerámica, que se peleaban por las aventuras de Ulises, en su viaje a Ítaca, o discutían si los esclavos debían votar o no para elegir estrategas. El caso es que durante varios días aquello era un mogollón para todos, menos para los atletas. Yo, ya lo he dicho, era discóbolo cadete de la selección ateniense. Para ser sincero, he de decir que era reserva de un reserva, con tanta potra que el titular y el reserva se pusieron malos y me tocó lanzar. Bueno, eso de que se pusieron malos es lo que creyó Plastágoras, porque la verdad es que los espartanos les dieron uvas pochas. Lo sé porque leí el pensamiento de Trampósides, el entrenador del equipo de Esparta, que se llevaba a matar con Atenas. El caso es que allí, en el gimnasio, en la residencia para atletas de Olimpia, nos aburríamos bastante, porque encima no había chicas. Las mujeres tenían prohibido ir a los

Juegos Olímpicos, salvo si eran sacerdotisas. Las sacerdotisas, además, tenían mal rollo.

Mientras duraban los juegos, se decretaba una tregua en todo el mundo heleno. Si se estaban calentando el morro los soldados cretenses y los de Siracusa y llegaba un mensajero diciendo que había juegos, tenían que dejarlo hasta que terminara la competición. Luego, a destriparse otra vez. Pero aunque había tregua, en los juegos existía mucha rivalidad y muchos piques, sobre todo entre Esparta y Atenas. El primer día se sorteaban los turnos de competición y se nos tomaba juramento. Luego venían las luchas de adolescentes, a las que afortunadamente no me apuntaron, y las carreras de carros, que no se hacían en el estadio, sino en el hipódromo. Era la prueba más prestigiosa. Corrían por parejas y se pegaban unos guarrazos tan grandes que más de uno se mató. En general, no había piloto que quedara en condiciones de repetir cuatro años más tarde. Después de la fórmula uno con caballos de cuatro patas, llegaba el tercer día del plenilunio y se hacía una procesión que te pasas. Iban los heraldos, los trompeteros, los adivinos y los animales que se sacrificaban a los dioses. También los jefazos, o sea, las autoridades y los embajadores, entre otros morrícolas. Allí que iba mi amigo Pericles, Cabeza Pepino, y a mi lado, mi rival espartano, un chico llamado Patatónides. Y al llegar al templo de Zeus, empezó el lío, porque me di cuenta de que Patatónides tenía dos ombligos. En realidad, tenía una verruga al lado del ombligo, y me dio la risa tonta. Y todo el mundo mirándome. Y en el banquete final, lo mismo. Hice correr la voz, y todos los cadetes de Atenas y de las islas y de todas partes cuchicheando que Patatónides tenía dos ombligos. Lo malo vino al día siguiente, el cuarto, que era cuando nos tocaba a los discóbolos: a los discóbolos cadetes y a los corredores, los saltadores, los lanzadores de disco y jabalina y los luchadores mayores. Nosotros íbamos al final, así que estábamos entre los treinta mil espectadores viendo la competición. Era cruda la cosa. Por ejemplo, los saltadores llevaban pesas en las manos para coger más impulso y saltar más, y si se pasaban, las pesas los desequilibraban, con lo que las costaladas eran olímpicas de verdad. Los luchadores se ponían tiras de cuero en las manos para atizar más fuerte. La mitad acababa sin narices. Total, que a medida que pasaba la jornada, me entraba el canguis. Yo había soñado, desde que me enteré de que participaba, con ganar y que me hicieran una estatua –se la hacían a los ganadores– y me dieran una pensión vitalicia, pues los triunfadores no sólo eran aclamados por toda Grecia, sino que luego vivían el resto de su vida de la sopa boba, que es, a grandes rasgos, en lo que consiste una pensión vitalicia. Pero al ver lo duro que era aquello, y sobre todo al saber que a los que perdían los trataban a patadas y luego se choteaban de ellos en todas partes hasta que palmaban, pues me dio el telele. Y con telele salí al estadio, y, cuando iba a lanzar, al telele se unió la risa floja, porque vi los ombligos de Patatónides, que eran como dos ojos y parecía que me miraba con la barriga. Con la risa y el tembleque se me escapó el disco, lo tiré con fuerza extraterrestre (usamos impulsos eléctricos en lugar de músculos, aunque no se nota), pero para atrás y le dio a la estatua de Zeus en un ojo. Zeus acabó pareciendo un cíclope en lugar de un dios. Lo peor fue que el disco, al rebotar, le atizó en la calva a un embajador de Esparta. Menudo lío. Cabeza Pepino, que no tenía previsto guerrear aún con Esparta, me asesinaba con la mirada, los jueces se tiraban de los pelos, las sacerdotisas gritaban: "¡Sacrilegio!, ¡sacrilegio!", de modo que tuve que darme el bote inmediatamente. Fue una pena, porque lo estaba pasando de miedo allí en Grecia, con las uvas, el sol, los deportes, la filosofía, la democracia, los templos tan bonitos... Allí todo, salvo las guerras y la esclavitud, era bonito y pequeñito. Ni siquiera Atenas era grande. Crecía poco, para que sus ciudadanos pudieran seguir reuniéndose en asamblea. Todo estaba al alcance de la vista y las piernas. Luego vi Roma y todo era más grande. Interesante, pero menos humano. Nada me moló como Grecia.

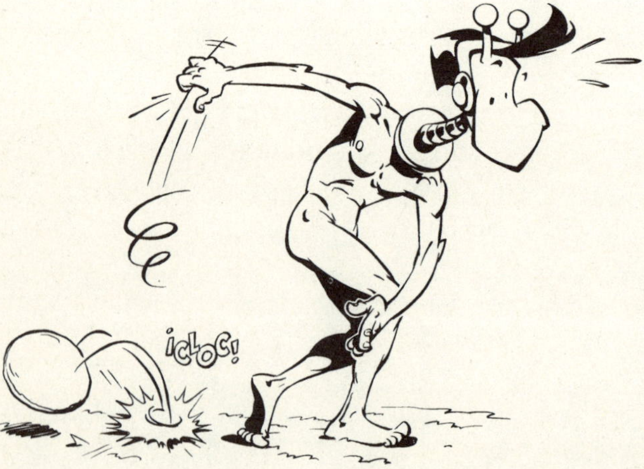

LOS JUEGOS OLÍMPICOS SE CELEBRABAN CADA CUATRO AÑOS.
¡WHAK!
MIENTRAS DURABAN, HABÍA TREGUA EN TODA GRECIA...
YA TE DIGO, CHICO...
¿VAS A POR MEDALLA?
...HASTA QUE TERMINABAN.
LOS SALTADORES LLEVABAN PESAS PARA IMPULSARSE.
DEMASIADAS PESAS, CREO YO
¡VAYA LEÑAZO!
PARA LUCHAR SE PONÍAN TIRAS DE CUERO EN LOS PUÑOS.
LOS VENCEDORES ERAN CONSIDERADOS CASI MÍTICOS.
MI TURNO PARA EL LANZAMIENTO DE DISCO...
¡ROC!
¡CROCK!
¡AY!
...MAL, MUY MAL.
¡DEBÍ PRESENTARME PARA LA MARATÓN!

CHAPUZÓN EN EL RUBICÓN

45 ANTES DE CRISTO

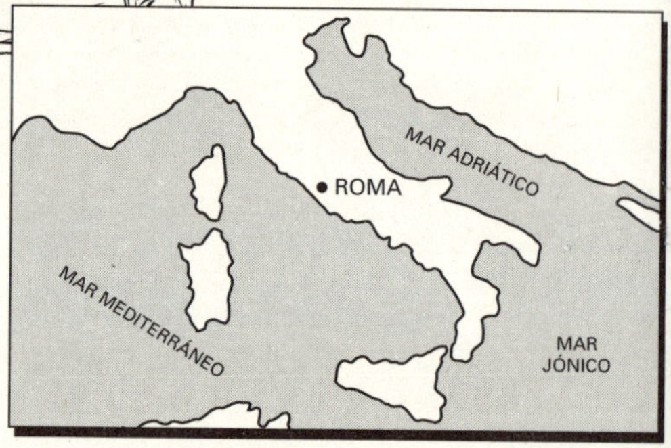

Cuando me escaqueé de Olimpia, me tocaba otro recreo de tres siglos y medio, que aproveché para ir a Cartago y conocer a Aníbal, un tío muy salado y, como jefe que era, también un poco bestia. En otra ocasión contaré lo de los cartagineses y la movida que tuve en los Alpes, subido en un elefante que olía a rayos. Ahora me toca enrollarme con Roma, donde estuve después del recreo, o sea, unas décadas antes de Cristo. Allí fui ingeniero de las legiones de César y diseñé un puente. Lo que pasa es que, por causas ajenas a mi voluntad, el puente se hundió con un par de centurias y media docena de catapultas encima. Pero ya hablaremos de eso. Vayamos por partes.

Roma era parecida a Grecia, pero a lo bruto. A lo bruto porque era más grande y porque la civilización, aunque molaba, era menos molona. Todo había empezado, más o menos, cuando yo me tocaba mi barriga extraterrestre en los jardines colgantes de Babilonia. Según la leyenda, por aquel entonces se quedaron huérfanos dos chavalines llamados Rómulo y Remo y llegó una loba que se apiadó de ellos y les dio de mamar. Con semejante alimentación, es normal que salieran hechos unas fieras, así que se liaron a fundar Roma, como otros se dedican a tocar la lira, al lado de las siete colinas que hay cerquita del Tíber. Eso es lo que dice la leyenda. La verdad es que en aquella época ya había allí una ciudad-estado, parecida a las griegas, que seguramente surgió, como tantas otras, cuando se fueron juntando poblados neolíticos que se civilizaban a la orilla del río. Poco antes de llegar yo a Grecia, Roma era ya la urbe más importante de la península italiana y estaba gobernada por reyes, pero luego tuvo un bajón porque la invadieron los etruscos, que eran finos. Hasta que los romanos no lograron echar a los etruscos, la ciudad no levantó cabeza. Eso ocurrió dos o tres siglos antes de Cristo y, entonces, ya no tuvieron reyes, sino una república. Pero una república con truco, porque era un régimen de patricios. Sólo los nobles adinerados mandaban. Se ve que los nobles adinerados eran igual de jetas en todas partes. Morrícolas totales.

Cuando aterricé por allí, no había un massa, sino tres, o sea, lo que llamaban triunvirato. Mandaban César, Pompeyo y Craso. Conocí mucho a César y a Craso. A César, mayormente, porque curré para él. Llevaba carta de recomendación de un maestro griego de Cartago para que me enchufaran como ayudante de ingeniería. Me habían soplado en Cartago que a los romanos les daba por hacer puentes y acueductos en todas partes, así que, aprovechando que en Q-3 estudiamos ingeniería técnica de Caminos, Canales y Puertos en segundo de Primaria, me ofrecí como diseñador de puentes. Pero no caí en la cuenta de que quien más ríos cruzaba y más puentes hacía era el ejército, de modo que ahí me tenéis, de legionario, en la guerra de las Galias y en el paso del Rubicón, que, por cierto, es una birria de río. Yo que pensaba estar hecho un pachá en Roma, con mi túnica y mis pliegos y mis cartabones, pensando puentes, me vi con casco, espada, jabalina y faldilla, caminata va, caminata viene, persiguiendo a los galos de Vercingetórix. Y eso que César me tenía cariño. No pasé miedo ni nada, por culpa del cariño de El Calvorota. Porque Julio César era calvorota. Le salían pelos por detrás, en la nuca, y se los dejaba crecer para luego peinarlos hacia delante hasta que le cubrían toda la bombilla. Lo pasaba mal. Yo le leía el pensamiento cuando hacía mucho aire en mitad de una batalla: le preocupaba más despeinarse que el ataque de los fieros germanos. Los humanos estáis como chotas. Como era muy juerguista y ligón, y a veces tenía sentido del humor, sus propios legionarios le aclamaban llamándolo "seductor calabaza monda". Y tenía bastante morro porque, para tirarse el pegote, decía que era descendiente de la familia Julia, que era verdad, y de la diosa Venus, lo cual era un trolón de mucho cuidado. Además, pedía préstamos y préstamos y nunca los pagaba. Se gastaba millones de sextercios en organizar juegos en el circo, para que luego el pueblo le votara como cónsul. Casi siempre le daba la pasta Craso, que era más pinta aún. Se quedaba con las propiedades de todos los patricios que caían en desgracia y era el dueño del único servicio de bomberos de Roma. Se decía, yo no puedo jurarlo, que sólo apagaba los fuegos de sus casas y sus tierras, y los demás los dejaba arder, para luego comprar baratas las ruinas.

César tenía también virtudes. Era un militar muy inteligente y poseía una cultura de campeonato. Escribía la mar de bien y, si no lo creéis, leed *La guerra de las Galias,* que es un libro precioso. Además, era simpático, elegante y magnánimo cuando quería. Pero sólo cuando quería. No quiso perdonar al jefe de los galos Vercingetórix, pero sí perdonó a muchos enemigos a los que había vencido. Hablando era la bomba. Menudo orador. Aunque el que tenía mejor pico era Cicerón, otro patricio que era muy chaquetero, porque unas veces estaba con César y otras con Pompeyo, según se oliera que iba a ganar uno u otro. Pero hablar, hablaba de vicio, y eso le valía mucho, porque en Roma la oratoria y la retórica, las artes de hablar bien y convencer, estaban estupendamente vistas. Manejaban un latín precioso. El latín es una de las cosas que, junto con el derecho y las obras públicas, extendieron los romanos por todo el imperio, y hay muchos idiomas, como el español, el francés, el rumano y otros que proceden en buena parte del latín. Pero bueno, al grano. La Roma de entonces era un pedazo de mogollón de ciudad, con cientos de miles de habitantes. Era la capital de un imperio que vivía de la agricultura, las minas, el

comercio y los botines de las conquistas. Y del curro de los esclavos, que eran lo menos cuatrocientos mil. Roma tenía inventada la Seguridad Social. Sí, de veras, no alucino. Allí había un montón de ciudadanos romanos sin propiedades y sin un sestercio, a los cuales daba un sueldo el Estado. A los pobres que no eran ciudadanos de Roma, ni agua, pero a los otros, sí. El imperio era gigantesco: iba desde España, al oeste, hasta Mesopotamia, al este. Y no hacían más que conquistar. Por eso, porque era un imperio conquistador y enorme, tenía menos gracia que Grecia. A mí por lo menos me molaba menos, aunque en Roma y en todas partes hacían templos preciosos y acueductos maravillosos y habían inventado el derecho, que aún en vuestros días tiene su importancia... Hasta copiaron los dioses griegos, cambiándoles el nombre. Por ejemplo, al massa de los dioses, Zeus, le llamaron Júpiter, y tan ricamente. Ares, el dios griego de la guerra, fue llamado Marte; a Eros, que curraba de dios del amor en Grecia, en Roma lo pusieron Cupido; a Atenea, Minerva y así todos... Pero ya digo que los romanos no eran iguales que los griegos. Qué va. Atenas era pequeñita, pero tenía muchos grandes hombres. Roma era enorme, y también tenía grandes sabios y artistas, pero había de todo y eran muy, muy brutos, sobre todo con los esclavos y en los espectáculos del circo, en los que moría mucha gente.

A lo que iba. Muy a mi pesar, y contra lo que había soñado mil veces, me vi de aprendiz de ingeniero de puentes adjunto a la decimotercera legión de Julio César. Era su favorita. Menos mal que me hice colega del centurión Escaqueus, que llevaba catorce años de mili y pasaba de todo, porque sólo le quedaban dos. Escaqueus procuraba estar siempre en cuarta o quinta línea de batalla y sus ingenieros no hicimos ni un puente, ni una mísera empalizada en toda la guerra de las Galias y en las batallas en Hispania. Nada, ni una triste pasarela para cruzar el Rin y atacar a los germanos.

O sea, ni un palo al agua. Todo lo hacían otras centurias y otras legiones. Hasta que un día, César se mosqueó con Pompeyo, que estaba en Roma, apoyado por los ricachones, y por Cicerón, el chaquetero. Y El Calvorota decidió cruzar el Rubicón. El Rubicón es un río de chicha y nabo que separaba, por allí por los Alpes, Italia de la Galia. Ningún general podía cruzarlo al frente de sus tropas, porque eso se consideraba una afrenta a Roma. Pero César ordenó atravesarlo para darle caña a Pompeyo y hacerse massa único, pues el tercer massa, Craso, era un cero a la izquierda y sólo quería pasta. Eso decían, al menos. El caso es que van y nos entoligan a nosotros el puente. Y el ingeniero jefe de mi grupo, Zanganicus, va y se pone malo y me ordenan a mí hacer los planos. Yo no sabía cómo era el Rubicón, ni me había fijado mucho en los puentes. Sólo me molaban los acueductos. Me acordaba del Nilo y del Tigris y del Amarillo, así que pensé que había que hacer un puente guapo. Me sorprendió que el propio Calvorota ordenara construirlo en una noche; pero en fin, yo era un mandado, así que diseñé un puente del tamaño de un estadio y se organizó un movidón de no te menees. César, roncando y todo el ejército haciendo el cacho puente y jurando en latín. Encima lo pensé de piedra, para que durara. Pero se me olvidó decirlo en los planos y lo hicieron de madera. Trabajaron como locos. Cuando llegué al sitio de la obra, lo estaban terminando y ya iba a amanecer. Llegué, vi el puente y me olí la tostada, porque lo que está pensado para ser de piedra no resiste igual siendo de madera. Y encima no encontraba el río. Abajo, abajo, me decían. Miré con más atención y, en efecto, allí, en medio, a lo lejos, había un hilillo de agua: el Rubicón de marras. Y en eso llegó César, que no se tiró de los pelos por no dejar la bombilla al descubierto, pero se cogió un cabreo... Mirando como un asesino a toda la masa de legionarios, se atusó y dijo en latín: "Llegué, vi y me acordé de vuestro padre." Total, que pasó una cohorte de soldados y empezó a tambalearse. Luego, llegó una catapulta tirada por caballos y el puente ya no se tambaleó, se desplomó. El resto del ejército pasó por en medio del agua, que no les llegaba a la rodilla, y yo pasé... de todo y desaparecí discretamente, pues no estaba el horno para bollos.

Después supe que César venció a Pompeyo tras muchas batallas y que se hizo el amo y cuidó mucho los templos y los palacios. También decretó algunas leyes favorables a los ciudadanos menos adinerados y a los soldados veteranos. A sus legionarios y a muchos de su enemigo Pompeyo, que eran galo-romanos, les dio ciudadanía romana. Y supe también que venció a un rey de Asia Menor en la batalla de Cela, en menos que que te catea un profe borde, y dijo muy serio: *"Veni, vidi, vici"*, o sea, "llegué, eché una visual y gané en un pis pas". Eso lo hizo muy famoso, pero lo que dijo en el Rubicón, con la gaita del puente, fue muy parecido y sin embargo nadie le dio importancia. Así es la vida terrícola.

ESO DE SER LEGIONARIO NO ME IBA MUCHO...
¡NO, ESO NO ES LA "TORTUGA"!
¡AH!, ¿NO?
...ASÍ QUE ME VI DE APRENDIZ DE INGENIERO DE PUENTES.
¿ES USTED ESCAQUEUS?
SÍ, ¿QUÉ PASA?
¡JO, DOBLES!
PENSARÉIS QUE CONSTRUÍ ALGÚN PUENTE O ACUEDUCTO FAMOSO...
¡GRRR...!
...PERO, LA VERDAD, ES QUE NO DI NI GOLPE.
¡RIS, RÁS!
PARA UNA VEZ QUE HICE ALGO...
¡GRRRR...! ¿DÓNDE ESTÁN LOS INGENIEROS?
¡CRACK!
...TUVE QUE TOMAR "VACACIONES", URGENTEMENTE.
ESCAQUEUS, ¿DÓNDE VAMOS?
¡CALLA Y SIGUE ANDANDO!

LA BÁRBARA BARBARITA

450 DESPUÉS DE CRISTO

Después de lo del Rubicón, y mientras el Imperio Romano llegaba a su esplendor y luego empezaba a irse a freír espárragos, presionado por los bárbaros, tuve que hacer un viaje relámpago a Q-3. Me tocaba ponerme la vacuna contra las paperas gravitatorias, una enfermedad de los niños de mi planeta, que si la pillas te inflas, y vuelas y no veas la que se lía. Tan relámpago fue el viaje que, a la vuelta, aún había imperio romano, aunque ya era cristiano y estaba de capa caída y dividido en Imperio de Oriente e Imperio de Occidente. Yo, como estaba un poco harto de civilizaciones bonitas y refinadas, como las de Atenas y Roma, en las que olía a rollo cebollo porque cada vez había más escuelas, y como me apetecía hacer ejercicio y estar al aire libre, decidí ir a ampliar mis conocimientos enrollándome una temporada con los bárbaros, de los cuales se decían barbaridades, aunque yo no acababa de creerlas. Después de todo, los romanos no podían acusar a nadie de descuartizar, quemar o descalabrar. Bien sabía yo que en eso, como en otras cosas más chachis, eran unos maestros. Total, que tiré hacia el centro de Europa, para la parte del Danubio, y el primer bárbaro que encontré fue una bárbara. La bárbara Bárbara, que era una huna. O sea, que se llamaba Bárbara y pertenecía a la tribu de los hunos. Eso, pese a mi potente cerebro extraterrestre, me costó un rato entenderlo. Yo había tomado forma de godo e iba por la orilla del Danubio pensando en qué profe de Física Termonuclear me iba a caer al curso siguiente, cuando tropecé con una chica monísima, que si no era goda tenía que ser ostrogoda, germana, vándala o algo así. Iba a caballo y tenía cara de china. Se parecía un poco a Ro-Yi-Toh. La abordé.

–Hola, ¿eres una bárbara? –le pregunté.

–No –respondió, un poco mosca, desde su caballo–, soy la huna Bárbara.

–¿Pero, eres bárbara?

–Me llamo Bárbara, pero las bárbaras son las romanas. Yo soy huna.

–Sé contar –le solté–, ya veo que no eres dos.

–No, soy huna y también sé contar, porque los hunos estamos más civilizados de lo que se dice. Tenemos una cultura bárbara, de manera que los hunos no somos unos bárbaros.

Después de un cuarto de hora, comprendí que mi nueva amiga era uno de los terribles hunos de Atila: Barbarita, la sobrina segunda de Atila, el más temido de todos los bárbaros. Justo lo que me apetecía: un enchufe para la corte de Atila. Le conté que era godo, pero partidario de los hunos, y un tío muy entendido en caballos, lo cual era falso. Ella me dijo, para mi felicidad, que curraba de ojeadora de caballos y que necesitaba un ayudante. Añadió que me presentaría a su tito –menudo tito, pensaba yo– y si le gustaba, el puesto era mío. Y allá que fuimos, los dos en su caballo, en busca de tito Atila, que estaba a unos veinte kilómetros. Por el camino vi tal tráfico de bárbaros que aquello parecía la operación retorno. En realidad, todo el centro de Europa estaba ocupado por diversas tribus bárbaras, que se llamaban bárbaras porque así las denominaban los romanos. Te dabas un viajecillo y te podías cruzar con alanos, godos, ostrogodos, burgundios, vándalos... puf, un mogollón. Todos eran pueblos nómadas, o sea, que viajaban constantemente, poco dedicados a la agricultura, pero no tan bestias como podría creerse. O sea, había algunos muy bestias y otros poco bestias, no sé si me explico. El caso es que todos ellos procedían, o de Escandinavia, o de la parte que ahora es Rusia, e iban siendo empujados por unas hordas muy guerreras que llevaban siglos en Mongolia y ahora tiraban hacia el oeste. Esas hordas eran los hunos. Los hunos empujaban a los godos, los godos a los ostrogodos y los ostrogodos, apretujados como quien dice, intentaban entrar en el imperio romano. La frontera imperial parecía el metro en hora punta.

Esto lo iba yo observando, y me lo iba contando Barbarita por el camino. Mientras, como dije, yo le había metido un trolón más bárbaro que su tío, pues de caballos no entendía ni jota. Confiaba en poder leerles el poco pensamiento que tienen y usar algo de telepatía para domarlos. Para mis nuevos amigos, los caballos eran importantísimos, pues vivían encima de ellos. Pero de verdad, ¡eh! Todos tenían callo en las posaderas. O sea, culo de piedra, porque los guerreros no se bajaban ni para hacer pis. Birguerías les vi yo hacer a caballo cuando tenían ganas. Y sus caballos les permitían viajar y ganar muchas batallas. Yo llegué a ser una celebridad, porque no eché callo, puesto que la piel de los qutresinos no es como la vuestra. Todos me llamaban culo blando. Ellos eran comerciantes, guerreros y cazadores y vivían en campamentos móviles. No tenían ni pajolera idea de astronomía o filosofía, como los griegos, ni sabían nada de arquitectura o retórica, como los romanos, pero conocían la silla de montar, la herradura y la brida, todo lo cual los hacía invencibles. Su caballería era la mejor del mundo y, como jinetes, no tenían igual. Llevaban casco y una malla protegiéndoles el pecho, y lanzas y arcos. Por eso vencían casi siempre. Irrumpían a toda pastilla en las líneas de las legiones romanas y, zig zag, como relámpagos las destrozaban. Por su culpa, las legiones dejaron de tener importancia y los romanos de Oriente y Occidente copiaron la caballería bárbara, sobre todo la de los hunos, aunque sin superarla. Para eso eran los campeones. Aunque chiquititos y sin barba, los hunos eran hormigas atómicas. Estaban siempre en forma,

se comían los alimentos crudos o casi crudos y hasta las reuniones las hacían a caballo.

Tito Atila resultó estar un poco romanizado. Y era lo justo, porque los romanos también se estaban volviendo un poco bárbaros. De tanto pelearse y firmar paces, se pegaban las costumbres mutuamente. La tienda de tito Atila, de madera, parecía una casa romana un poco pobretona; pero tenía vajillas de oro, y había maestros griegos, poetas y todas esas cosas que les gustaban a los massas romanos. Era bajito y un poco tocho, pero todo músculos, el tío. Eso sí, todo el mundo le tenía más miedo que yo a las batallitas. Sólo su secretario, el romano Orestes, le hablaba tranquilamente. Los demás lo hacían, o mejor dicho lo hacíamos, con más canguelo que otra cosa. De todas formas, era muy astuto y calaba a la gente enseguida. Aunque él y su ejército eran muy brutos –no he visto en vuestro planeta ningún ejército finolis en cinco mil años– y recurrió a la guerra muchas veces, yo le vi ganar unas cuantas batallas sin luchar. Usaba el pico cuando le convenía. Y negociaba tributos. Como era tan poderoso y tan listo, obligaba a Valentiniano, el emperador romano de Occidente, a pagarle una pasta al año para que no lo arrasara. Y al de Oriente, igual.

Tito me dio el curro. No lo olvidaré nunca. Los ojeadores y domadores éramos importantísimos porque, sin caballos, los hunos no se comían un colín. Barbarita, su tutor, que se llamaba Yuncuerno, y yo hacíamos lo que queríamos. Galopábamos por las llanuras y los bosques de Alemania, de Austria y del norte de Italia, dependiendo de dónde estuviese tito haciendo el bárbaro, y pillábamos caballos para domarlos. Yuncuerno era un jefe molonguis. Era un bárbaro pacifista. No le gustaba luchar y le daba pena mandar sus caballos a las guerras. Pero era feliz porque estaba al margen de las escabechinas. Yo también, por supuesto. Aunque no entendía nada de caballos, charlaba con sus mentes simplonas mediante telepatía. Tuve buenas parrafadas mentales con los caballos. Incluso con uno de Atila, al que le comí el coco hasta el punto de provocar una retirada de los hunos. Fue sin querer. Aquel caballo se llamaba *Bledo.* Lo cazamos a la orilla del Rin y, en cuanto lo miré, me di cuenta de que era más pacifista que Yuncuerno y yo juntos. Por telepatía, logramos entendernos. Yo le mandaba un mensaje que decía: "Adelante", y *Bledo* me miraba, luego miraba adelante y si no veía peligro, empezaba a trotar. Pero si lo veía, pensaba: "Pa tu tía" –lo sé porque se lo leía– y se quedaba plantado. Poco a poco, se dio cuenta de que yo nunca lo engañaba, pues si había peligro era el primero en decirle: "Atrás". De manera que se acostumbró a hacer lo que le salía de las crines, dijera el menda lo que dijera. Desde fuera, parecía que yo lo tenía dominado; pero lo que pasaba es que teníamos ideas idénticas. Y los dos tan felices, hasta que, a la vuelta de la guerra contra los romanos y los godos del general Aecio, lo vio tito Atila y, como era precioso, decidió quedárselo.

Y a lomos de *Bledo* marchó contra Roma. Ocupó todo el norte de Italia y llegó a las puertas, más o menos, de la capital. Esta vez ni Aecio ni Valentiniano tenían tropas para hacerle frente, de forma que se hicieron acompañar por el Papa León el Grande para parlamentar. La escena fue sublime. Todos los hunos a caballo, en un lado, y el ejército romano –en el que había mogollón de bárbaros, por cierto–, enfrente. Se adelantó Atila, la mar de chulo a lomos de *Bledo.* Y se adelantó el Papa. Yo estaba allí, en retaguardia, claro, mosqueado, porque me temía lo peor. Y lo peor ocurrió. Según se acercaba León el Grande, que era un papa gigante, con cara de pocos amigos, *Bledo* se fue poniendo nervioso. Al llegar a diez metros de distancia, decidió que definitivamente aquel señor no le gustaba y se dio la vuelta, mientras Tito juraba lo que no está escrito. Pero *Bledo,* ni caso. Pasó entre las filas de los hunos y todos nos fuimos tras él y su amo. No hubo manera de parar a *Bledo* ni, por lo tanto, la retirada de los bárbaros. Luego, los historiadores han dicho que el Papa convenció a Atila, o que a Tito le dio un ramalazo y se dio la vuelta, o que respetó Roma a cambio de más tributos. Pero qué va. Fue *Bledo* el que salvó a la que ya era la capital cristiana de Occidente. Y a mí me salvó mi instinto, porque me quedé el último en la retirada, le di un beso a Barbarita, que iba la penúltima, y me esfumé. Poco después, en cuanto pudo apearse de *Bledo,* seiscientos kilómetros más allá, Tito preguntó por el domador de *Bledo.* Pero el domador de *Bledo* se había marchado, llevándose, eso sí, un grato recuerdo de las hunas.

REGRESÉ A Q-3 A PONERME UNA VACUNA.
¡BUAA...!
PERO, SI NO HE EMPEZADO.
CUANDO VOLVÍ, ME DI UN VOLTIO POR EUROPA...
¡HOLA!
¡HOLA!
CONOCÍ A BARBARITA, LA SOBRINA DE ATILA.
¡ATILA, EL MÁS TEMIDO DE LOS BÁRBAROS!
SI SÓLO HA SIDO UNA COPITA...
¡ATILA, ATILA!
LOS BÁRBAROS ERAN UNOS JINETES FABULOSOS.
¡HOP, HOP!
¡ASÍ NO SE DOMA UN CABALLO!
¡!
LLEVABAN CASCO, LANZAS Y UNA MALLA PARA GUERREAR...
¡JI, JI, JI!
JUA, JUA!
13.
14.
...ERAN BAJITOS Y SIN BARBA...
...PERO FIEROS QUE TE PASAS.
¡WHAC!
¡TROC!

La movida de Córdoba

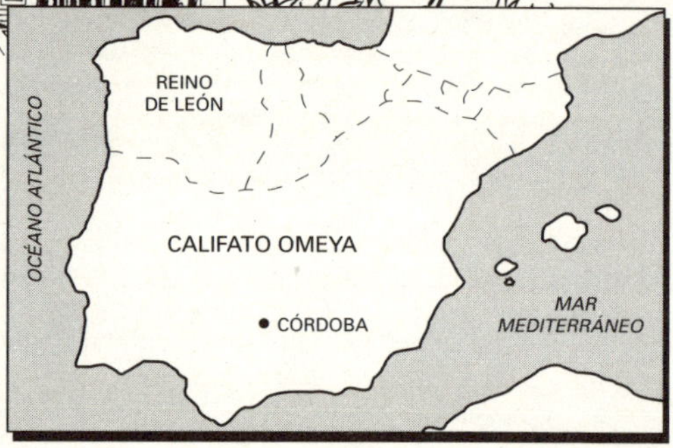

1000 DESPUÉS DE CRISTO

Medio milenio después de lo de tito Atila me volvieron a ocurrir cosas interesantes. Estuve con los musulmanes, que eran los que tenían entonces el imperio más gordo, y en Córdoba, capital de al-Ándalus, curré de ATS, o sea, de enfermero en un hospital. A mí la sangre me da soponcios, pero tampoco había demasiada, porque la religión musulmana recomendaba no rajar y diseccionar, gracias a lo cual, casi todo lo curábamos con hierbas y medicamentos. Bueno, había muchas cosas que no curábamos, pero, para ser aquella época, los médicos del Islam estaban muy adelantados. El caso es que allí estaba yo en una especie de clínica, repartiendo pócimas a diestro y siniestro, hasta que una vez me equivoqué de tarro y le llevé al jefazo Almanzor, que era un poco buitre y estaba de los nervios, un estimulante en lugar de una infusión tranquilizante. Y se armó la de Alá es grande. Pero ya contaré eso. Ahora tenéis que saber cómo y por qué aparecí, cerca del año mil, en una de las principales ciudades musulmanas de la Edad Media.

En los siglos anteriores, los bárbaros se habían ido convirtiendo al cristianismo y en toda Europa se implantaba una organización económica y social y todo eso, que luego se llamó feudalismo. Mandaban los reyes, pero mandaban poco, porque cada uno tenía nobles que eran los verdaderos dueños de los ejércitos y los campesinos. Los nobles eran vasallos de su rey, pero en su territorio o feudo hacían lo que les salía de la armadura. Si había bronca con los musulmanes o con otro reino cristiano, tenían la obligación de juntar sus soldados y luchar por su rey. Y poco más. Cada conde o marqués o barón era el amo de los campesinos de sus tierras, que se llamaban siervos y tenían que dar al massa feudal buena parte de lo que cultivaban. O sea, que el rey que no tuviera su propio feudo, estaba en manos de los nobles vasallos, que si se mosqueaban y no le prestaban sus soldados le podían hacer la pirula. Eso, en la parte cristiana, que además estaba que se subía por los campanarios porque se acercaba el año mil y pensaban que se iba a acabar el mundo. Yo no sabía por qué, pues veía que cada vez había más cristianos y algunos, sobre todo los nobles y morrícolas en general, estaban cada día más hermosos. Pero los musulmanes no pensaban lo mismo. Por aquel entonces, la verdad es la verdad, estaban bastante más civilizados que los cristianos o ex-bárbaros convertidos a la fe cristiana. Seguían la religión predicada por Mahoma, un señor del desierto de Arabia que había pensado una religión con un solo dios, como la de los cristianos, y había convencido de que era la buena a las tribus arábigas, trescientos años antes. Esas tribus, que antes no se aguantaban, se unieron en la fe de Mahoma y, como eran muy guerreras, enseguida fueron creando un gran imperio que tenía dos focos, cada uno en un extremo de la zona más animada de vuestro planeta: en Bagdad y en Córdoba. Como yo ya conocía la parte de Bagdad, porque eso está por Mesopotamia, me moló más ir a España. Me habían hablado maravillas de Córdoba, pues no en vano por entonces se llevaba la movida andalusí. Y allá que me presenté. Como estaba al tanto de que les iban mucho la medicina y la farmacia, porque habían estudiado mucho a los clásicos griegos, y como en Q-3 damos nociones de virología, anatomía y patología en preescolar, decidí currar de sanitario. Llegué a Córdoba con un turbante molonguis en grado sumo, pero me llevé un chasco, porque allí turbantes no había demasiados. Córdoba me recordó mucho a Roma. Había gente por un tubo. Todo tipo de gente: berberiscos, eslavos, cristianos, judíos, negros del Sudán, árabes de Arabia, sirios, visigodos convertidos al islam, francos, griegos... Turbantes, ya digo, poca cosa. O sea, que hice un poco el *ridi,* pero sólo un poco, porque allí se admitía todo y no extrañaba nada. A veces pienso que si no llego a ir de humano, sino con mi pinta extraterrestre, me habrían preguntado qué tipo de infiel era y me habrían dejado en paz. Una vez paseaba a la orilla del Gualdalquivir junto a un vikingo, que llevaba cuernos, y miraban más mi turbante que su casco. Como era una época de gran prosperidad, no se les veía mosqueados. Al-Ándalus, o sea, la España musulmana, era el foco económico de Occidente. Había una rica agricultura, y minas de oro, cobre, hierro y qué sé yo cuántas cosas más. Tenían industrias de tejedores, cerámica y aceite de oliva, mogollón de aceite, que les gustaba un montón y se lo traginaban sin problemas, porque no se había inventado el colesterol. Todos se aguantaban unos a otros y hacían sus trabajos o sus negocios. Hombre, los esclavos sí que estaban rebotados. Aunque disimulaban, yo, como les leía el pensamiento, pues me coscaba del asunto.

Córdoba tenía lo menos cien mil habitantes y era la capital de un califato, un imperio, que dominaba buena parte de la península Ibérica y zonas del norte de África. Tenía un palacio. Buah, qué palacio. La mezquita, con unas mil columnas, era la más grande del mundo. Había callecitas muy retorcidas y muy estrechas, pero cantidad de bonitas. Y las fuentes más chulis que he visto en todo el viaje. Cómo dominaban el agua los hispano-árabes. La verdad es que todas las grandes civilizaciones antiguas dominaron el agua: los egipcios y los mesopotámicos hacían canales; los romanos, baños, termas y acueductos, y los árabes, regadíos y fuentecillas. Y baños también, pues habían copiado de los romanos la manía de bañarse a todas horas. Reinaba entonces al-Hakam II, que era hijo de Abderramán III, el más grande califa cordobés. Al-Hakam no era tan guerrero y político como su padre. A él le

iban las ciencias, las artes y las letras. Por eso, con él se estudiaron muchas mates, con perdón. Y mucha astronomía y poesía. Tenía un bibliotecón de 400.000 ejemplares. Era famoso en todo el mundo y todo el mundo, incluidos los cristianos del norte de España que luchaban contra él, quería visitar Córdoba. Si no había guerra, todos, amigos y enemigos, fieles e infieles, pululaban por allí como Pedro por su casa.

Fui a pedirle el curro directamente al califa al-Hakam. Me costó verlo. Primero tuve que convencer a la guardia de tres mil armarios sudaneses. Qué tíos, qué pecho-toros, qué espadonas. Luego, me equivoqué de pasillo en el palacio y me metí en las salas del tesoro público. Una pasta gansa tenían, a causa de la prosperidad económica y los tributos que exigían con sus conquistas, muchas de ellas, gracias a su poderoso ejército. Los musulmanes peninsulares sobaban siempre el morro a los cristianos porque tenían ejército permanente y ellos, no. Luego tropecé con el harén. Tenía miles de mujeres, lo cual quería decir que los hijos del califa tenían miles de tías. Pobrecillos. Alucinando, me metí en las caballerizas, que eran la bomba, con más caballos que diez películas de vaqueros juntas. Por si fuera poco, acabé en el patio del halconero: cientos de halcones, esos pajarracos rapaces que ayudan a cazar, graznándome y aleteando. No se privaba de nada el gran massa. Menudo susto me llevé. Al fin, llegué a la zona del califa, y resultó que estaba rezando en dirección a la Meca, cosa que allí hacían todos los días. Tuve que esperar. Después de tanto rollo, lo vi un momento, acompañado de su primer ministro. Estaba bañándose y estudiando un libro de Aristóteles. Me miró de los pies a la cabeza y en la cabeza se paró. Me dijo:

–¿Qué sombrero es ése, infiel?

–Un turbante –respondí.

–¿Y para qué sirve?

Yo no sabía qué responder. Menos mal que el primer ministro le recordó que los turbantes son propios de Arabia.

–¿Qué se te ofrece? –me preguntó, mientras, sin soltar el tocho de Aristóteles, miraba el cielo por una especie de lente de aumento que había junto a una ventana, algo empañada por el vapor del baño.

–Quiero currar en el hospital.

–¿Qué has dicho que quieres hacer en el hospital?

–Ejem, trabajar. Ayudar a los médicos cordobeses. Tengo un máster de anatomía de la Escuela Hipocrática Doctor Galeno de Alejandría.

Se tragó el trolón y me envió con Abu al-Qasim, el más eminente médico de al-Ándalus y uno de los más potentes de toda la Edad Media. Era un sabio, que además de medicina sabía botánica, conocía los planetas y dominaba varios idiomas. Al ajedrez era un hacha el tío. Su botica era maravillosa. Miles y miles de tarros de cerámica y cristal, llenos de hierbajos curativos, porque los árabes, además de inventar cultivos agrícolas estupendos, inventaron el cristal, aunque no el que conocemos ahora. Antes de poder ayudarlo en el hospital, tuve que aprenderme todos los tarros con sus contenidos. Me acabó saliendo humo por las antenas. Al final, aprobé y curré de enfermero varios años. Fueron tiempos preciosos, porque conocí enfermos de todo el mundo. Con quien hice más amistad fue con Ce Ni Zin, un chino con una crisis de alergia al arroz, muy simpático por cierto. Decía que la Gran Muralla le daba claustrofobia y por eso había salido a conocer mundo. Allí, a la vera del Guadalquivir comió una torta, que resultó ser de arroz, y le dio el soponcio. Menos mal que Abu lo curó con unos pétalos de flores de Sierra Morena.

El hospital, para ser del año mil, era magnífico. Todo estaba muy organizado y limpio. Los médicos eran examinados cada cierto tiempo, por si había algún impostor o por si alguno se había quedado tolili. Los médicos árabes descubrieron por aquel entonces que las enfermedades contagiosas se combaten aislando a los enfermos, para que no le peguen el mal a los demás. No se debe creer que es un descubrimiento de chicha y nabo, porque salvó muchas vidas y no era tan fácil darse cuenta. Pero un mal día, cuando ya no vivía al-Hakam y reinaba un califa mindundi, que había dejado todo en manos del famoso primer ministro Almanzor, se me cortó el rollo.

Almanzor estaba atacado de los nervios. De tanto hacer expediciones de castigo contra los cristianos y otros árabes, padecía estrés. Abu no lo sabía, porque al estrés le pasaba lo que al colesterol, que no se había descubierto. A Almanzor, cuando no tenía a quién masacrar, o sea, que había un período de paz, le daban dolores de estómago y exigía al hospital remedios infalibles. Abu le mandaba una infusión que te deja agustito, por no decir frito. Normalmente la llevaba yo a palacio y, aquel día, por desgracia, también la llevé. Pero como dije al principio, me confundí de tarro y le suministré justo lo contrario: polvillo de hojas para espabilarse. A los diez minutos, cuando yo acababa de volver al hospital, llamaron urgentemente al doctor. Almanzor se había subido a lo más alto de la mezquita y predicaba la guerra santa contra todo el que aparecía por la zona. Una vez más, tuve que desaparecer discretamente. Había llegado el momento de ver cómo eran los cristianos.

LE PEDÍ CURRO AL CALIFA, ASÍ, POR LA CARA.
ME HICE FARMACÉUTICO CON AL-QASIM
AGRACEJO, DIGESTIVO; ESPECTORANTE...
AL-QASIM, SABÍA DE TODO: ASTRONOMÍA, BOTÁNICA...
¡SOY MÁS LISTOOO...!
¡POF!
JUGABA AL AJEDREZ QUE TE PASAS.
OTRA VÍCTIMA.
QUÉ, ¿UNA PARTIDITA?
¡TAP, TAP!
¡GRRR!
LO QUE NO SABÍA ERA QUE YO LEO EL PENSAMIENTO...
¡JAQUE!
UNA VEZ, LE DEJÉ GANAR.
UNA NOCHE QUE LE DOLÍA LA TRIPA A ALMANZOR...
¡AY!
...ME CONFUNDÍ DE TARRO DE HIERBAS, Y...
¡UF, QUÉ DE TARROS, VAYA LÍO!
¡TODAVÍA OIGO SUS TERRIBLES ALARIDOS!
¡AAAY!
¿DÓNDE ESTÁS...?

RICARDO BARRIGÓN DE RATÓN

1180 DESPUÉS DE CRISTO

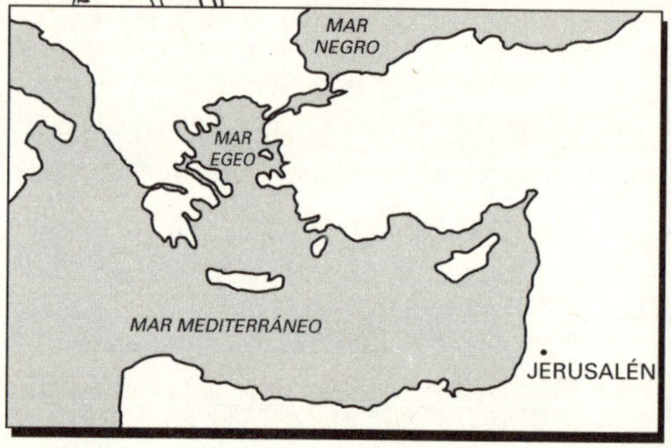

Es curioso, pero también los cristianos me llamaban infiel. Debía de ser por la cara, porque uno se disfraza bien de terrícola, pero no puede contentar a todos. Estaba pasando una temporada en Inglaterra, que era un reino cristiano en el que me habían dicho que mandaba un rey marchoso, al que llamaban Ricardo Corazón de León. Como tenía entendido que los cristianos eran la mar de cristianos, me vestí con una túnica llena de cruces y me tomaron por un cura bizantino, lo cual para ellos no era demasiado cristiano. Miraban más la pinta que los musulmanes andaluces. Tampoco pasaba nada, pero se fiaban menos. Eso ocurría seguramente porque en la cristiandad se aguantaban poco unos a otros. O sea, que había cantidad de guerras entre reinos cristianos, e incluso entre bandos dentro del mismo reino. Sin ir más lejos, el rey de Inglaterra tenía mucha tirria a su hermano Juan y al revés. Pero a los infieles, o sea, los que no eran cristianos, los tragaban menos. Y como los infieles más mandones entonces eran los del islam, pues no veáis qué manía les habían cogido. Las únicas veces que se aguantaban entre sí era cuando se enteraban de que los musulmanes habían conquistado Jerusalén u otro lugar santo. En esos casos, además, se cabreaban en masa, se unían y, zas, cruzada que te crió. Las cruzadas eran excursiones guerreras muy, muy largas, que hacían desde Alemania, Francia, Italia, Inglaterra y otros sitios, para dar caña a los musulmanes en Tierra Santa, que, por cierto, era santa también para los infieles. Yo fui a la tercera cruzada, que duró varios años; para los cristianos fue más bien un fracaso y, al final, se convirtió en el viaje más chungo de todos los que me cayeron en suerte en mi estancia en vuestro planeta de chiflotas. Menudo viajecito. Si llega a haber libro de reclamaciones, me quedo solo escribiendo. Y menos mal que fui con los ingleses de Ricardo, que si llego a ir con los alemanes de Federico Barbarroja termino como él, fiambre y metido en una tinaja de vinagre hasta desintegrarse. O sea, de cruzado a la vinagreta.

Llegué a Inglaterra hacia el año 1180 o así. Me presenté con mi túnica ante el obispo de Canterbury, al que llevaba una carta de recomendación del rey de Navarra, que me falsificó mi amigo el calígrafo judío cordobés Aarón Gatoporliébrides. En la carta, solicitaba para mí un curro de trovador en la corte. Me preguntó qué tipo de infiel era, hizo una prueba de canto y me colocó de escudero del rey, de donde deduje que al obispo no le gustó mi arte. Era un incomprendido, porque en Q-3 andábamos por la época del galacti-rock y el rap orbital, y aquellos ingleses medievales no sabían apreciar mi ritmo cañero. En fin, que otra vez me vi metido en mogollones guerreros, yo, que sacaba sobresaliente en las clases de cobardía en mi planeta. Menos mal que se me ocurrió utilizar mi dominio de todos los idiomas de la galaxia, y acabé de intérprete... Pero eso es adelantarme. Vamos poco a poco. Al llegar ante el Rey con una nota del obispo, me miró y montó en cólera. "¡Voto a bríos!", dijo. Bueno dijo una cosa más fuerte, pero aquí no la voy a escribir. "¿Quién osa decir que necesito de escudero a un infiel?" "Majestad", susurré, "yo soy cantidad de fiel. He servido al faraón, a Pericles, a Julio César..." Me di cuenta de que estaba metiendo la pata galáctica y cerré la boca. Entonces, Ricardo se puso rojo como un tomate y gritó: "¡Un infiel que, además, está loco, un poseso, degolladlo ahora mismo!" Cuando él mismo me iba a dejar sin antenas, apareció su hermano Juan Sin Tierra y su ataque de furia se convirtió en un acceso de amor fraternal tan fuerte, que Juan salió por piernas antes de quedarse sin cabeza, además de sin tierra. Como se había desahogado, pude meterle uno de mis rollos, se lo tragó y me cogió de escudero. O sea, de nada, porque había unos seiscientos escuderos del rey, todos enchufados por notables de medio mundo, y él casi nunca usaba escudo.

La vida en Inglaterra era un chollo para los caballeros. Curraban menos que nosotros, los seiscientos escuderos del rey. Todo se lo hacían los vasallos y los siervos. Ellos organizaban torneos y banquetes, un poco guarros, hay que reconocerlo, porque no habían inventado los cubiertos y comían con las manos. También cazaban con halcones y, de cuando en cuando, abrazaban la cruz para dar a entender que de infieles no tenían un pelo. Ricardo era un tío guapo y fuerte, pero estaba un poco *pallá.* Un día le daba por aquí y otro, por allí. Era un buen guerrero y un gobernante chungo, todo lo contrario que Felipe de Francia, su primo lejano y rival. Éste también abrazaba la cruz de tiempo en tiempo. Si la abrazaba Ricardo, la abrazaba Felipe. Si la abrazaba Felipe, Ricardo perdía el trasero para hacerlo. No iban a ser menos uno que otro. Yo también la tuve que abrazar una vez a la semana, en vista de mi fama de infiel, que no se me quitaba ni rezando a todas horas. Felipe era más feo y peor guerrero. Más retorcidillo, pero mejor rey. Felipe se ocupaba de los asuntos de Francia, mientras que, a Corazón de León, Inglaterra le importaba un pito cuando le daba el jamacuco. Además, Ricardo era el mimado de su madre, Leonor de Aquitania. Era de cuidado, Leonor. A mí me cogió cariño. "Qué infiel tan fiel", me decía, y me daba una colleja cada vez que me la encontraba. Menos mal que llevaba casco de escudero, porque los capones cariñosos de Leonor eran finos.

Un día, llegó la noticia de que el sultán de Damasco y Egipto, el gran Saladino, un infiel como la copa de un pino, había derrotado a los francos cristianos de Tierra Santa y se había apoderado de la Santa Cruz –sin abrazarla, por supuesto– y de la mismísima Jerusalén. Difundía la noticia por toda Europa el obispo Josías, que, como no había teletipos, ni radio, ni nada, se tragó más kilómetros que Induráin en todas sus vueltas. Y venga a predicar la cruzada y a pedir siete

años de tregua entre todos los cristianos, los cuales le hacían caso en líneas generales. Pero sólo en líneas generales. Los campesinos, los frailes, los vagabundos y algunos artesanos y burgueses, además de muchos caballeros de segunda fila, se apuntaban. Les iba la marcha. Pero entre los jefazos ya no había tanto entusiasmo. Federico Barbarroja, massa del Sacro Imperio Germánico, sí que se enrolló enseguida. Sin embargo, Ricardo Corazón de León y Felipe de Francia se escaquearon un poco. Uno decía: "Sal tú primero", y el otro respondía: "Por favor, tú delante". No se fiaban un pelo, porque temían que si uno se iba a masacrar infieles, el otro al final se haría el sueco, se quedaría y se apoderaría de su reino. Así que, hasta que se pusieron de acuerdo en salir a la vez, tardaron cuatro años. Pero los hubo peores. Por ejemplo, el jefazo templario, Gilberto de Hoxton, se dedicó a recaudar el diezmo de Saladino, una especie de colecta para pagar la cruzada, y luego se embolsó la pasta. Y Guillermo el León, rey de los escoceses, no pudo sacar ni un chavo a sus muy tacaños vasallos. En fin, cosas de terrícolas.

Hacia Tierra Santa empezó a marchar, desperdigada, una gran cantidad de gente. Incluidos unos cuantos loquinarios, que lo mismo se hubieran apuntado a la maratón de Río de Janeiro, en caso de haberse inventado. Pero el primer pez gordo en partir fue el alemán Federico Barbarroja, que salió con lo menos cien mil personas: caballeros, escuderos, infantes, frailes, lavanderas, herreros, panaderos, médicos... la monda. La pena para aquella basca es que debía ir algún cenizo con ellos, porque el viaje fue de aupa. Como era un señor muy cumplido, abrazó la cruz en Maguncia, cogió a su ejército y tiró millas; pero fue cruzar el Danubio y empezar la racha. Los serbios y los búlgaros masacraron a su retaguardia y esquilmaron a los rezagados. Tuvo líos con Isaac el Ángel, massa de Bizancio, que tampoco era un angelito y jugaba a dos barajas. Decía que sí a todo lo que le pedían Barbarroja y Saladino. Al cruzar los Balcanes, la basca entró en la ciudad de Filadelfia, donde también les dio por atacar a los rezagados del ejército. Algo debían de tener sus retaguardias, que todo el mundo la tomaba con ellas. Luego los hostigaron los turcos y, al cruzar el río Calicadno, el emperador se ahogó. Por todo el morro. Rescataron su cuerpo y decidieron conservarlo, pero como sabían menos de eso que mis amigos los egipcios, lo metieron en vinagre, como un boquerón, y al cabo del tiempo empezó a desintegrarse. Tuvieron que enterrar a todo meter lo poco que quedaba del emperador. La basca siguió camino, al mando del duque de Suabia, hasta Antioquía, donde los cuatro supervivientes se dieron al lujo y el cachondeíto, y se quedaron sin ganas de pelear. Cualquiera los ponía en marcha después de lo pasado. Todo esto dio a Saladino y a los suyos una moral que te pasas y cayó como una bomba en la cristiandad, o sea, donde yo andaba, asustadito, porque al fin iban a salir a dar caña al infiel Ricardo y Felipe.

Felipe fue por tierra, por el mismo camino del emperador en vinagreta, y Ricardo fue en barco. Como era muy impulsivo y un poco tonto, no recordó que se mareaba en los barcos. Los marinos lo acabaron llamando Ricardo Barrigón de Ratón, porque durante la travesía hasta Chipre echó más potas que arengas. Yo también lo pasé fatal, pues en Q-3 hemos nacido para romper la barrera de la luz, pero no para viajar como las merluzas. Menos mal que me hice amigo de la lavandera judía Sarita Coladas, que, aunque me consideraba un infiel porque no sabía, hasta que me lo contó, quién era Moisés, me cogió mucho cariño. Sarita Coladas conocía mogollón de remedios contra el mareo y así fui tirando. Llegó la flota de Ricardo a Chipre y, a la semana, ya estábamos en guerra con los chipriotas, porque en cuanto se le pasó el mareo, Barrigón de Ratón se sintió feliz y buscó camorra. En fin, que tras muchos incidentes y encuentros, en los que conocí a tíos rarísimos, como Joaquín el Venerable, que estaba siempre un poco ido y cada dos por tres nos soltaba que las siete cabezas del Apocalipsis eran Herodes, Nerón, Constancio, Mahoma, Melsemuth, Saladino y el Anticristo, llegamos a Palestina. Allí llevaban los cristianos una tira de meses intentando conquistar San Juan de Acre, una ciudad amurallada, no muy alejada de Jerusalén, situada a la orilla del mar. Los cristianos nos recibieron como héroes. Lo mismo les había pasado a los franceses unas semanas antes. Así que nos dedicamos a cercarlos aún más. Teníamos unas supercatapultas, a las que llamábamos El Vecino Malo y La Onda de Dios, que tiraban a la ciudad unos pedruscos más grandes que el morro de los caballeros escoceses. Pero los sarracenos no se daban por enterados. Atacaban Ricardo y Felipe y los rechazaban. Luego venía Saladino y nos rodeaba a nosotros. Llegaban por el mar más de los nuestros y rodeábamos a Saladino, que rodeaba a los nuestros, que rodeaban a los musulmanes. Había momentos en los que los emisarios cristianos decían: "Rendíos, infieles, que estáis rodeados". Y los del sultán contestaban: "Por aquí, Alí. Los rodeados sois vosotros, infieles." Y, como ambos tenían razón, se tiraban discutiendo una hora y no se rendía ninguno. Meses y meses con el mismo rollo, venga a pasar hambre, sobre todo los soldados, porque los caballeros decían que tenían que estar fuertes para empuñar la espada del Señor y se zampaban la mejor parte. Al final, se organizaban fiestas conjuntas, porque moros y cristianos se conocían personalmente, que es lo que pasa cuando te partes la cabeza con uno muchas veces. Terminas intimando.

A mí, visto que como escudero era una ruina, me usaron de intérprete. Yo pedí un destino en lavandería, con Sarita; pero dijeron que eso era propio de afeminados. De todas formas, los intérpretes corríamos menos peligro que los escuderos. Gracias a este curro, conocí a Saladino,

EN INGLATERRA QUISE SER TROVADOR...
AUNQUE, A MÍ ME VA OTRO ESTILO DE MÚSICA...
...Y ACABÉ DE ESCUDERO, PARA VARIAR.
CUANDO LOS INFIELES SE PASABAN, SE MONTABA UNA CRUZADA.
¿QUÉ PASA?
¡AK!
¡Y TODOS PARA ALLÁ CON LAS CATAPULTAS!
¡VAMOS, QUE ES PARA HOY!
DESPUÉS DE TANTO LUCHAR, SE HACÍAN AMIGUETES.
¡CLANK!
NO SÉ PARA QUÉ HEMOS VENIDO. ¡A TU SALUD!
¡A LA TUYA!
DESPUÉS DE PROBAR UN MONTÓN DE CURROS, ME FUI CON SARITA COLADAS A VER A UNOS COLEGUITAS SUYOS.
EL NORTE ES POR ALLÍ, CIELO.

que desde luego no se parecía a lo que me había dicho Joaquín el Venerable. Era un buen tipo. Siempre liberaba a los prisioneros y cumplía su palabra, cosa que no puedo decir de mi amigo Corazón de León, aunque también tenía sus cosas buenas. Saladino sólo hizo matanzas y barbaridades cuando se enfadó porque Ricardo degolló a la guarnición de San Juan de Acre. Porque al final se rindieron, aunque no acabó ahí la cosa, pues a Ricardo le dio por ir a conquistar Jerusalén y aún tuvimos un mogollón de batallas, macropedradas, hambre, frío y otras alegrías por el estilo. Y, para colmo, no logró conquistar Jerusalén. Aquella tercera cruzada fue un fracaso, aunque hubo muchos héroes y muchos sacrificios, y los poetas compusieron estupendos cantos a los cruzados. Troleros, los cantos, pero la mar de bonitos. Yo me largué antes de que terminara todo. Me volví con Sarita Coladas, que se cansó de lo cochinos que eran los guerreros y lo poco que cuidaban la ropa, y un día me dijo: "Oye, infiel, ¿te vienes conmigo a la tierra de los vikingos, que son muy brutos pero manchan poco, porque no sudan a causa del frío que hace?" Y con ella me fui, sin despedirme de Ricardo, por si le daba un pronto.

El conquistador potrudo

1300 DESPUÉS DE CRISTO

No lo pasé mal con los vikingos, aunque me aburría un poco y no aprendía gran cosa, porque los tíos eran de piñón fijo: navegar y saquear, navegar y saquear, y así todo el rato. Teniendo en cuenta que yo me mareo en los barcos y que soy tan buen guerrero como domador de caballos de bárbaros, o sea, cero patatero, para mí lo de andar de vikingo acabó siendo un rollo más grande que ir de compras con dos mamás y cuatro tías. Además, Sarita Coladas se hizo mayor y se casó con el jefe Garrotaf, de modo que ya no era lo mismo, porque casi no nos veíamos, no jugábamos, ni corríamos, ni nada.

Como el vikingo Controlaf, un señor que era tan cotilla que se enteraba de todo lo que pasaba en Escandinavia y en el extranjero, no paraba de hablar de lo rico que se había hecho Pastagansaf descubriendo unas tierras desconocidas que estaban tirando por el mar, todo al oeste sin parar, pin pan, pin pan, viajando un par de meses lo menos, pues me fui a echar un vistazo. Así llegué a lo que luego se llamó América, que había sido descubierta por Pastagansaf y el cotilla Controlaf, aunque no se enteró casi nadie y tuvo que ser descubierta luego otra vez por Colón. Yo iba un poco mosca por si me tomaban por un infiel; pero me llevé un gran alegría cuando los primeros americanos que encontré me consideraron un tío fiel. Lo malo es que también me encontraron sabroso y me querían guisar con maíz. Formaban tribus bastante primitivas y un poco caníbales que, aunque ya estábamos en el año 1300 o por ahí, yo creo que no habían llegado ni al Neolítico. Como pude, les expliqué que no estaba rico, sino un poco verde, como las frutas duras. No me creyeron, de manera que, cuando me iban a echar al fuego, me transformé en lo que soy, un extraterrestre de color melón de Villaconejos, y aproveché el susto que se llevaron para salir pitando tierra adentro. No paré hasta llegar hasta Tenochtitlan, capital de los aztecas. Y allí fui descubierto, con los demás aztecas, por Hernán Cortés, un pollo con tanta chiripa que conquistó todo el imperio gracias a que iba con él uno que era clavadito a un dios que esperaban los aztecas desde la época de Maricastaña, y lo confundieron con él. Además de potrudo era listo y algo jeta, razón por la cual no los sacó de su error. Es verdad que tenía seiscientos conquistadores, todos ellos buenos soldados, o sea, un mazo de bestias, pero los aztecas éramos decenas de miles. Aunque ya llegaré a esa parte del relato. Primero tengo que contar cómo eran los aztecas antes de que los descubriera el español potrudo.

Eran buena gente. A veces más buenos que el pan, porque te trataban con una cortesía y un miramiento que daba corte y se enfadaban muy poco. Los hombres llevaban taparrabos –algo así como unos calzones– y una manta, y las mujeres se ponían camisas largas. Las mantas y las camisas estaban pintadas con unos colores y unos dibujos preciosos. Los aztecas formaban un imperio enorme, compuesto por tres grandes grupos que constituían la federación imperial: los de México –o sea, Tenochtitlan–, los de Tezoco y los de Tlacopan. Andaban más o menos por el Neolítico. No conocían la rueda ni tenían animales de tiro o de carga. Sí habían domesticado perrillos y criaban faisanes y pavos para zampárselos. Conocían, eso sí, el cobre, con el que hacían puntas de lanza de flecha. Eran buenos agricultores de maíz, patatas, calabazas y otras cosas parecidas. Comían cantidad de chocolate, virtud que hace que guarde un grato recuerdo del imperio azteca. Lo malo es que también eran bastante aficionados al pulque, que es una bebida alcohólica que sacaban de la planta de la pita y con la cual se agarraban unas melopeas enormes a la salud del Sol. Porque con el Sol tenían mucho cuelgue. Lo adoraban. Todos sus dioses y sus creencias estaban relacionados con el Sol y con los astros, de los cuales, por cierto, sabían bastante para ser neolíticos en tantas cosas. Sin ir más lejos, tenían más conocimientos astronómicos que mis amigos los cruzados. Poseían un calendario de 365 días, casi todos laborables; porque hay que ver cómo curraban los aztecas. Al principio, cuando llegué, unos cien años antes que Cortés, eran todos muy iguales. La tierra estaba bien, pero el clima resultaba seco y por eso tenían que hacer unas enormes obras de regadío. Trabajaban todos para todos. A cada hombre casado se le cedía un cacho de tierra, una parcela, pero no era de su familia para siempre. No se podía heredar. También curraban mucho en el comercio. Hacían expediciones de venta muy largas, en caravanas que se chupaban caminatas de meses. La verdad es que era un comercio con truco, porque los mercaderes eran también guerreros y, cuando no hacían negocio vendiendo, lo hacían saqueando. Un chollo. Así, ni marketing ni nada.

No creáis que yo me tocaba las antenas mirando al dios Sol. Yo tuve que currar, como todo quisqui. Al llegar a Tenochtitlan, una ciudad que hoy se llama Ciudad de México y que estaba en una laguna salada, me transformé en niño azteca de unos doce años y me empleé de pintador de mantas. Muy chulis me salían las mantas, modestia aparte. Aunque dibujaba platillos volantes, que no gustaban a algunos. Había un peligro y es que todos los varones, al cumplir quince años, tenían que recibir entrenamiento militar con las espadas de madera con reborde de sílex, las lanzas con punta de cobre y todos esos inventos que hacen tanto daño. Por eso, cada tres o cuatro años, cambiaba de personalidad. No podía llegar a quince. La primera vez me tiré un pico de años teniendo doce, hasta que se mosqueó un funcionario. Yo tuve que esfumarme y reaparecer con otra jeta. Y luego ya, cada tres años, lo mismo, por lo que no pude hacer amistades duraderas, aunque estuve cien años zampando chocolate del bueno, que es una de las cosas que tenéis en la Tierra y no tenemos en Q-3. Aquella primera vez, yo estaba celebrando mi cumpleaños. Era la séptima ocasión en que cumplía trece. Todos mis amiguitos eran ya unos tiarrones como las pirámides del centro de la ciudad, que eran enormes, por cierto. La fiesta se chingó cuando apareció el secretario del chiuacoualt, el segundo gran jefe, al que llamábamos El Chi para abreviar, y nos dijo que había consultado con el matemático Restaizuma y no le cuadraban las cuentas de mis años. Acabaron llevándome ante el massa total del imperio, que era el tlacatecuhtlí, Tlaca para los amigos. El Tlaca era jefe militar, religioso y político de la confederación azteca y, por tanto, yo iba como un flan. Al verme me dijo: "¿Cuántos años cumples?" "Trece, mi Tlaca", le respondí. Miró sus archivos –ellos tenían escritura y la hacían en tiras de piel de ciervo o en hojas de pita–, luego me miró a mí y preguntó: "¿Cuántos cumpliste el sol pasado?" (quería decir el año pasado). "Ejem, pues... doce." Levantó el cabezón con todas sus plumas –todos los massas se ponían plumas, más grandes y coloridas cuanto más massas eran– y dijo: "Pues aquí dice que ya cumpliste trece hace un verano, y dos y tres, y cuatro..." Yo, más tembloroso que Calabaz Erax, el bruto de mi clase, cuando hay exámenes, dije: "Verá usted, mi Tlaca, es que yo soy de familia pobre y no tuve estudios y no sé contar muy bien..." Total, que la fastidié doblemente porque no sólo me llevaron a hacer instrucción militar, sino que me pusieron a estudiar matemáticas con Restaizuma, que era un hueso. Tuve que invitarle a pulque en cuanto pude y aprovechar su merluza para cambiar de personalidad. Y así lo hice luego de manera regular, para que no volvieran a pillarme.

Cuando llevaba cosa de veinte personalidades y no sé cuántas toneladas de chocolate digerido, apareció el

potrudo. Estábamos celebrando un bonito oficio religioso dedicado al sol, todos con mantas y camisas de muchos colores, enormes plumeros y todo eso, cuando llegaron noticias de la aparición en la costa de unos tíos greñudos con unos animales horribles y unas armas que echaban rayos. Aquello acogotó un poco a los jefes, los notables y los ricachones. Digo ricachones y digo bien, porque al cabo de los años, los aztecas habían dejado de ser muy iguales. Como pasó en Mesopotamia y en Egipto, hubo funcionarios poderosos que no se conformaban con tener la parcela de tierra cedida por el Estado y acabaron apropiándosela del todo y sumando más parcelas, y consiguiendo al fin que pudieran heredar las tierras los suyos. En resumen, que se hicieron morrícolas. Así empezó a haber ricos y pobres, y los ricos se hicieron, encima, aristócratas. Moraleja, no conocían la rueda pero el morro lo tenían dominado.

Decía que se alarmaron por las noticias de la llegada del potrudo, pero la cosa se calmó. Pasado un tiempo, estaba yo descansando en uno de los jardines flotantes de Tenochtitlan, muy enrollado, cuando oí un gran jaleo. Había llegado Cortés, el conquistador potrudo. Traía los caballos, que eran los "animales horribles" que los aztecas no conocían, los cascos relucientes y los arcabuces, "las armas que echaban rayos". Para colmo, eran "de tez pálida" y "barbudos", sobre todo Cortés. Y he aquí que barbudo y mucho más pálido que los morenos indios era el dios Quetzacoalt, que, según la leyenda azteca, había instruido al pueblo, se las había pirado y debía volver unos siglos más tarde. O sea, que tomaron a un soldado de Cortés por ese dios y a su lugarteniente Alvarado, que era rubiales, por Tonatiuh, el dios Sol. Por eso no los trataron mal, ni guerrearon con ellos, ni los sacrificaron en una de las pirámides. Por eso y por miedo a los arcabuces y los caballos. Y Cortés, que además de potrudo era listo y ambicioso y había recorrido medio mundo y media América pasando muchas penalidades, se aprovechó de su potra. No sólo se dejó agasajar, sino que se hizo el amo, pues el tlaca Moctezuma, que sospechaba que podía ser un dios, le decía que sí a todo. Pobre tlaca Moctezuma. A mí me daba rabia, porque leía el pensamiento de Cortés y me enteraba de que tenía de dios lo que yo de valiente. Y él se coscaba de que yo me coscaba, porque tonto no era. Y me decía: "Vos parecéis un infiel un poco raro. Pardiez que a mí y a su majestad católica no nos la pegáis." Yo me hacía el tonto, sonreía y fingía no entenderlo, pero le mandaba mensajes telepáticos para que oyera voces interiores que le decían: "Tócame las antenas, melenas", y cosas por el estilo. ¡Se cogía cada mosqueo!

El potrudo era español, de Extremadura. Como otros muchos, era miembro de la nobleza mediana de su tierra y viajaba a la conquista de tierras, riquezas y títulos nobiliarios más molones que el suyo propio. También tenía mucha fe y quería evangelizar América o Las Indias, como ellos llamaban a estos parajes desde que los descubrió Colón, creyendo que estaba en Calcuta, el pobre. Era una cosa parecida a las Cruzadas. Pretendían convertir a los indios a su fe, y en muchas ocasiones lo lograron. El caso contrario se dio pocas veces, pero entre los soldados del potrudo hubo uno, Cándido Grande Simplón, que se hizo creyente en Tonatiuh. Yo pegué la hebra con él y nos hicimos buenos amigos. Cortés le atizaba grandes coscorrones por hereje y por idiota, pero no pasaba de ahí, porque al principio no quería enemistarse con Moctezuma y los suyos. Pero estaba visto que lo del potrudo y compañía conviviendo con los aztecas, en aquella ciudad tan grande, con sus calles rectas, sus casitas sencillas, sus pirámides escalonadas y sus jardines flotantes, no podía durar mucho. Y todo acabó mal. Gentes de Alvarado mataron a unos aztecas durante un ceremonia y se armó el lío. Los aztecas se sublevaron y, como eran muchos más y conocían su ciudad, lucharon casa por casa en sus veinte barrios y expulsaron a los españoles. Al cabo del tiempo, Cortés volvió y esta vez no sólo lo acompañaban unos cientos de guerreros españoles y su mujer india, Marina, sino cien mil guerreros de tribus enemigas de los aztecas, y... bah, eso es muy triste y no lo cuento, porque además no lo viví. Yo, el valeroso Roger Ax, me abrí a la primera escaramuza. Tenía que acercarme a Q-3 a hacer unos papeleos. Debía matricularme en unos cursillos de bioquímica que tenía pendientes de preescolar. Sin más, me fui a coger un platillo en la parada del Machu Picchu.

LOS AZTECAS VESTÍAN TAPARRABOS Y CAMISAS LARGAS.
DOMESTICARON A LOS PERROS...
...Y A LOS FAISANES Y LOS PAVOS.
¿DÓNDE ESTÁ ESE PAVO?
GRRR... GRRR...
USABAN SEMILLAS DE CACAO COMO MONEDA DE CAMBIO.
HACÍAN UN CHOCOLATE QUE TE PASAS.
TAMBIÉN LE PEGABAN AL PULQUE.
TODO FUE BIEN, HASTA QUE APARECIÓ CORTÉS.
¡VENIMOS EN SON DE PAZ!
¡HOLA!

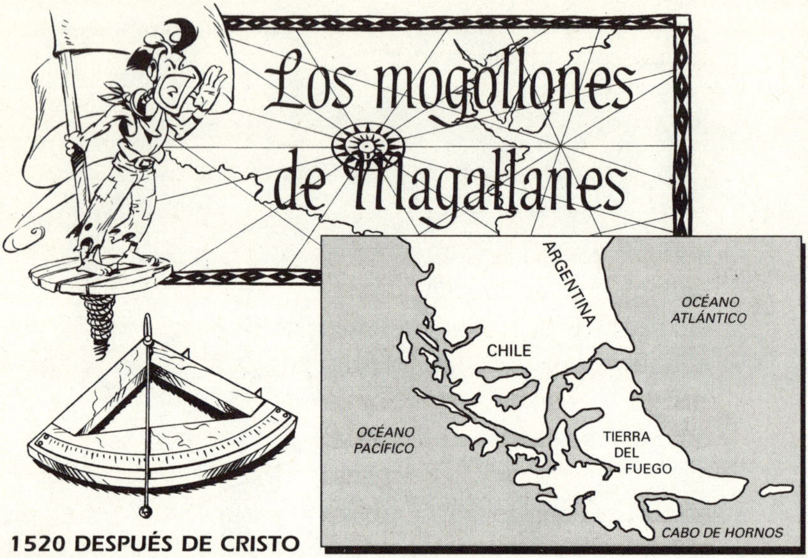

1520 DESPUÉS DE CRISTO

Pillé el platillo del Machu Picchu por los pelos. Llegué apenas dos meses antes. De todas formas, fue subir y bajar, porque según despegábamos camino de la estratosfera, avisté dos barcos que tenían buena pinta. Me dio un pronto. Tenía tiempo de hacer los papeleos si cogía el siguiente platillo, que pasaba dos años más tarde, y decidí bajar a echar un vistazo. El piloto, Fiti Paldix, refunfuñó; pero me dejó amerizar, y allí me quedé, en mitad del océano, haciéndome el náufrago, con mi balsa de troncos, mis harapos y todo lo que debe llevar un náufrago como está mandado. No tardaron en recogerme las naves veleras, que resultaron ser las de Magallanes y Elcano, que estaban terminando de dar la primera vuelta al mundo que se recuerda. Cuando me izaban a la nave capitana, la *Victoria,* me vinieron a las antenas mi viaje a Palestina y la travesía hasta Chipre con Barrigón de Ratón, y recordé también mis desventuras vikingas. ¡Se me había olvidado que me mareo en los barcos! Por mi loca cabecilla extraterrestre, otra vez estaba condenado a echar la pota.

Aquellos navegantes, como los conquistadores del potrudo, eran valientes y listos; tanto, que no se les pasó por alto que yo, para ser un náufrago, tenía una cara de buena salud que daba gloria verme. Cuando me llevaron ante Juan Sebastián Elcano, un español muy bronceado, con unas barbas tan recias que no las movía el ventarrón oceánico, las pasé canutas. "Pardiez, mancebo –me dijo–, diríase que no hace ni una hora que habéis naufragado. Rollizo estáis." Como pude, improvisé uno de mis trolones interplanetarios. Le conté que llevaba lo menos dos semanas y que, al naufragar mi barco, yo era el doble de gordo. Precisamente por ser tan fofo, añadí, floté mejor y fui el único que pudo sobrevivir hasta encontrar una balsa. Luego dije también que ellos llevaban, sin duda, una larga travesía, y estaban muy escurridos y poco acostumbrados, ya, a la gente entrada en carnes. Cualquiera que no estuviese hecho un palillo les parecía una vaca. Con cara de no estar muy convencido por mi rollo y de importarle en el fondo un pimiento mi historia, hizo un gesto de asco, me dejó en paz y ordenó que me dieran doble ración. La doble ración consistía en dos arenques y dos plastas de trigo con agua putrefacta. Después de saborear tan rico menú, se pusieron a enseñarme el oficio de grumete.

El oficio de grumete me lo enseñó Juan Velillas, un chico que se dedicaba a fregar la cubierta del *Victoria* y a exterminar las cucarachas y las ratas que aparecían por los recovecos del barco. Exterminaba los bichos que le caían mal, porque, a escondidas, guardaba y alimentaba a los que le caían bien. Así había reunido, en un hueco de la sentina, una especie de zoo un mazo de repugnante, que me enseñaba de cuando en cuando. Era asqueroso pero fascinante, sobre todo *Doña Nuña,* la rata capitana, a la que había enseñado a controlar a los demás bichejos, cosa que hacía de maravilla. Cucaracha que se insubordinaba, cucaracha que se zampaba. No era estricta ni nada, la rata *Doña Nuña.*

Juan Velillas, que era medio español, medio indio, no se apellidaba Velillas. Lo llamábamos así por lo bien que se subía a las velas y porque de la nariz solían colgarle unos mocarros que parecían velas de alumbrar iglesias. Su padre fue un descubridor extremeño que no descubrió nada, porque todos los sitios en los que estuvo ya habían sido descubiertos. Descubrió, eso sí, que le molaban las indias, y se casó con tres. La madre de Velillas, la tercera esposa del descubridor que no descubría, murió de unas fiebres. Luego, el padre también cascó de otra fiebre, la fiebre del oro que lo atacó y lo llevó a embarcarse en busca de El Dorado y ahogarse al poco de partir. Ya huérfano, Velillas se enroló en un barco portugués, llegó a Lisboa y allí se unió a la basca de Magallanes y Elcano. Entre fregada y fregada, sorbe que te sorbe los mocos, mi colega me contó la historia de su massa Magallanes, que acababa de morir cuando pasaron por Filipinas. "Mi señor –decía Juanito mientras desnucaba un ratón– fue el más grande marino de la historia del mundo en su totalidad total." Se quedaba en silencio y yo le leía entonces el pensamiento, y veía que el tío pensaba: "Toma ya, qué bien me queda lo de la totalidad total." Y seguía hablando: "Era portugués, noble, militar y marino. Una fiera, colega." Y luego me soltaba un sermón que siempre era el mismo y en esencia decía lo siguiente: Fernando de Magallanes, como era morrícola de nacimiento, había tenido estudios, con perdón. Empolló cosas de militares y cantidad de náutica en la Escuela de Pajes Reales de Lisboa. Luego navegó y peleó por un tubo. Se lució en las batallas de Kiloa y Sofoa, en la expedición portuguesa a Malaca, en Goa y en un montón de sitios más. Evidentemente, el hombre era peleón. Desde años antes de emprender el gran viaje, se ponía muy pesado diciendo que una vez había alcanzado las Filipinas. Juraba que había un paso por el oeste que permitía llegar a Asia sin necesidad de bajar hasta la punta de África y tirar todo tieso a la derecha, según se mira el mapamundi. Pero como era tan broncas, se peleó con su massa portugués, que se llamaba Manuel el Afortunado, pese a que nunca le tocó la lotería ni nada de eso. Manuel el Afortunado lo consideró un pelma y no le hizo pajolero caso. Para vengarse, Magallanes se puso al servicio de España, donde comió el coco al obispo Fonseca, que mandaba mogollón en la Corte de Carlos V. Así consiguió que le pusieran cinco barcos con tripulaciones y todo, para buscar el paso por el oeste y tirarse el pingüi dando la vuelta al planeta por todo el morro. Dicho y hecho. Un par de años antes de encontrarme, hacia 1519, la panda navegante había zarpado de Sanlúcar, en las naves *Trinidad, San Antonio, Concepción, Santiago* y *Victoria,* con Magallanes de superjefazo, secundado por cuatro potentes capitanes: Juan de Cartagena, Gaspar de Quesada, Luis de Mendoza y Juan Rodríguez Serrano. Ésos eran los titulares pero, cuando yo los encontré, habían cascado todos y mandaban Espinosa y Elcano, que empezaron en el banquillo.

No creáis que navegar era entonces cosa fácil. Que le pregunten a mi barriga de las galaxias. Había que tener más valor que un voluntario para salir a la pizarra, lo cual me hacía pensar constantemente qué rábanos hacía yo allí. Y eso que íbamos en veleros europeos, entonces los mejores barcos del mundo. Pero hasta los mejores del mundo eran una birria macabra de no te menees. Es un decir, porque lo que más hacían era menearse. Sólo existían tres tipos de barcos capaces de aguantar en mar abierto: la piragua de balancín, de Madagascar, el junco chino y la carabela, nuestra birria, espeluznante barcucho de 150 toneladas, casco redondeado, proa afilada y tres mástiles que combinaban las velas latina, triangular, y cuadrada, según los marinos, para aprovechar mejor el viento. Si había mucho aire, recorríamos hasta 250 kilómetros al día, lo cual molaba, porque era una velocidad que nadie alcanzaba en tierra, aunque lo persiguiera una docena de fieras o una manada de profes furiosos. Pero si no había viento, nos moríamos de asco. En fin, que los europeos tenían esta joya y luego inventaron los galeones, algo menos malos, que también eran los mejores del mundo y un peligro, seamos sinceros. Con eso, la brújula, las cartas de marear, el astrolabio –un cacharro que nunca entendí, yo, experto en agujeros negros y rutas siderales– y bastante chiripa, se convirtieron en massas de los mares. Primero, hacia 1400, los portugueses; luego los españoles, con todos sus descubrimientos y conquistas; y más tarde, los franceses, ingleses, holandeses...

Pero con cartas, brújulas, estrellas del cielo y lo que se quiera, también influía, como digo, la potra. Algunos terrícolas cursis la llaman intuición. El propio Magallanes, sin ir más lejos, suponía que había al sur de las Indias –o sea, de América– un paso que comunicaba el Atlántico con el Pacífico. Lo deducía de sus estudios y meditaciones, tan intensos que, según Velillas, a veces se ponía rojo y le salía humo por la nariz. Pero acabó encontrando el dichoso paso, no por el esfuerzo de su coco, sino gracias a mi mocoso colega grumetillo. Al menos eso decía Velillas. La cosa fue así:

Por lo que contaba Juanito, aquel viaje se pareció lo suyo a la cruzada ceniza de Federico Barbarroja, el que acabó de emperador a la vinagreta, aunque en el caso de Elcano la travesía terminó medio bien. Para empezar, al llegar a la Patagonia, abajo del todo del sur de América, en el golfo de San Julián, Juan de Cartagena se puso borde. Quería ser el jefe. Decía que Magallanes era portugués y por eso no tenía derecho a pintar un pito. Pero pintaba pito y medio, le dio caña y siguieron viaje. Luego conocieron a unos indios, a los que llamaron patagones, sin pedirles permiso ni nada. En tierras patagonas se chuparon un invierno muy chungo, durante el que mandaron el barco *Santiago* a explorar al sur. Y exploró, más que nada, el fondo marino, porque se fue a pique. Quedaban, pues, cuatro naves, que siguieron con su intuición, sus brújulas, sus plastas de harina y su valor, para abajo. Finalmente llegaron al cabo de las Mil Vírgenes, que les hubiera molado si lo hubieran visto; pero no vieron ni papa, porque todos los marineros, salvo Velillas, se agarraron unas fiebres que los dejaron como higos patagones. Según Juanito, no podían ni con el timón. Él, por tener sangre india, aunque se cogía catarros para regalar, era inmune a las fiebres de marras. Era el único sano, y fue él quien, pilotando la nave capitana, hizo internarse a la expedición por una zona en la que, en un reconocimiento anterior, habían considerado que podía estar el paso misterioso. Y allí estaba. Juan Velillas,

y no Magallanes ni Elcano, descubrió el estrecho de Magallanes el 27 de noviembre de 1520. Gracias al grumetillo medio indio, lo atravesaron, y así pasaron del Atlántico al Pacífico por mar y por todo el papo. La gloria se la llevaron, claro, los massas, como sabe todo el mundo. Pero yo creo que Velillas no mentía, porque cuando yo sacaba luego el tema de quién pilotaba la nave capitana aquel día, los marineros se ponían a hablar de mozas extremeñas o del buen tiempo que hacía. Y eso era para mosquearse, ¿no?

Después, tirando Pacífico adentro, llegaron a las Marianas y las Filipinas, donde murió Magallanes en una escaramuza con el rey de Cebú. Quién le mandaría buscar camorra en Cebú. El pobre Juanito se llevó el disgusto de su vida, pues quería un mazo al massa. Por entonces quedaban tres buques, ya que el piloto Esteban Gómez, al timón de uno de ellos, había dicho, aún en el Atlántico, que iba a comprar tabaco y se había dado el piro. Muerto ya Magallanes, en Las Molucas, ardió el *Concepción.* Los dos restantes, el *Victoria* y el *Trinidad,* fueron los que recogieron a mi galáctica menda. Yo esta vez no pude asistir a hechos históricos, y ni siquiera llegué a conocer al gran Magallanes; pero sí conocí a tope a un montón de navegantes, descubridores y conquistadores, incluido Elcano. Tanto nos conocimos unos a otros, que yo identificaba a todos, con los ojos cerrados y las antenas plegadas, simplemente por el aroma. El piloto cantaba a queso de agujeros; el cartógrafo, a patatas pochas, y el cocinero, a tigre de Bengala, y así todos, porque pasábamos mucho calor, muchas penas y pocas duchas. Más bien, duchas de verdad, ninguna. Nos lavábamos como podíamos e íbamos guarros en grado sumo. Pero todos aquellos guarretes, menos yo, eran valientes. Muy valientes. Al conocerlos de cerca, se me pasó un poco el mosqueo que me había cogido con los conquistadores en general, por lo que le habían hecho a Moctezuma. Acabé dándome cuenta

MAGALLANES, SABÍA CANTIDAD DE NAVEGAR.
NADIE LO CREYÓ EN PORTUGAL.
¡MUY GRACIOSOS!
¡PARA DAR LA VUELTA AL MUNDO...!
¡...TOMA BARCO!
JA, JA, JA...
JUA, JUA...
¡EL REY DE ESPAÑA LE DIO CINCO BARCOS Y SUS TRIPULACIONES!
LOS MARINEROS ERAN MUY VALIENTES, PERO SE LAVABAN POCO.
¡YO ME BAÑÉ...
...ANTES DE SALIR DE VIAJE!
¡ANDA, Y YO!
¡RIS RAS!
¡RIS RAS!
A SU VUELTA, ELCANO TUVO ALGUNOS PROBLEMAS.
¡...REDONDO! ¿ME ESTÁIS TOMANDO EL PELO?
¿?¡
¡LO QUE SU SANTIDAD DIGA!

de que tenían mérito y de que, al fin y al cabo, también Moctezuma se portaba chungamente con las tribus que conquistaba con el rollo del comercio. Los navegantes, descubridores y demás estaban transformando, a su manera, el mundo terrícola. Formaban parte del Renacimiento, una movida del pensamiento europeo que revolucionó la Europa medieval. Magallanes, Elcano y Velillas confirmaron, al dar la vuelta al mundo por los mares, que el planeta es una pelota gigante, cosa que no se creía ni el Papa. Poco a poco se estaba terminando la época de los señores, los vasallos y los siervos, los fieles y los infieles. Y también se acababa nuestro viaje. El resto de la travesía no tuvo más novedad que la triste muerte de la rata *Doña Nuña,* que se atragantó con un arenque. Al llegar a Canarias, donde hay una parada del platillo-bus 14, me bajé. Cogí a tiempo la guagua espacial y marché a Q-3 a matricularme. A la vuelta, me enrollé con Galileo, un coco de mucho cuidado.

Que te veo, Galileo

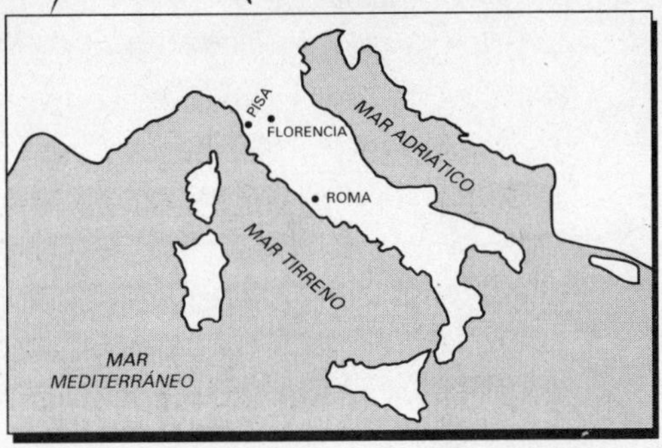

Lo de los papeleos para la matrícula en Q-3 fue visto y no visto. No creo que llegara ni a ochenta años de los vuestros. En realidad, cualquier pariente me podría haber inscrito en Aerodinámica Orbital de Tercero de EGB (Enseñanza Galáctica Básica), pero me apetecía tomar un poco el hiperaire. De regreso, fui a Italia, muy animada en aquel año 1600, porque andaban liados con el Renacimiento, fenómeno guay, que a mí, sin embargo, me costó chichón y medio. Fue a poco de llegar. Me estaba dando un garbeo por Pisa, bajo la torre, mucho más tiesa que ahora, por cierto, cuando algo me golpeó en el coco, al lado de la antena derecha. Según empezaba a decir ¡ay!, sentí otro leñazo, ahora en la antena izquierda. Y, enseguida, medio grogui, pude escuchar una voz furiosa que decía: “Especie de buey antihumanista, me habéis chafado el experimento gravitatorio." El dueño de la voz estaba en lo alto de la torre y blandía un tercer proyectil, con pinta de tirarlo también. Pero no lo tiró. Luego me confesó que, cuando estaba dispuesto a rematarme, se dio cuenta de que mi cocorote estaba entero. Su curiosidad científica me salvó, pues se puso a pensar que eso era imposible, que se hundían sus ideas físicas, en general, y sobre la dureza del cráneo humano, en particular. Y no era fácil hacer tambalearse sus conocimientos, porque se trataba nada menos que de Galileo Galilei, el tío más sabio de todos los terrícolas que he conocido en estos milenios de viaje de estudios. O sea, a ver si me explico, digo que era el de más melón entre los que conocí; porque hubo otros supermelones que no conocí y, por lo tanto, no puedo comparar.

Desde más de cien años antes y hasta más de cien años después del histórico momento en que Galileo me hizo chichón y medio, hubo en Europa una especie de epidemia de sabiduría. Una plaga de sabios. Eran la tira. En Europa se acababa la Edad Media, las ciudades empezaban a llenarse de burgueses, gente con pasta que ponía comercios e industrias. Contrataban obreros y querían cambiar las cosas, buscando ideas nuevas sobre el planeta en líneas generales. Se hicieron famosas y molonas muchas universidades, con perdón. La escuela, con perdón de nuevo, ganó importancia. Por primera vez, los alumnos se agrupaban en clases por edades, o sea, que ya no estaban juntos un colega de diez años y un viejales de treinta. Y claro, entre tantas universidades, academias y salones de pensar, pues acabaron saliendo sabios como setas, todos locos por conocer el mundo. Estaban *pallá,* obsesionados por saber cómo son el cuerpo humano, el cosmos, las margaritas y hasta la vida social de los ciempiés. Ya no pensaban, como antes, que el hombre es una cucaracha miserable y que sólo importa Dios. Ahora pensaban que importa Dios, pero también el terrícola racional. Así, la plaga de supercocos se extendió por Italia, España, Alemania, Francia, Flandes... Gracias a mis amigos los musulmanes, se habían conservado los librotes y las ideas de mis otros amigos, los clásicos griegos, incluido el feo y querido Sócrates. Por culpa de Gutenberg, que inventó la imprenta moderna, más chachi que la de los chinos, la masa de pitagorines creció y creció. En Padua, Venecia, Lovaina, Alcalá de Henares, todos sabían latín, empollaban gramática, ciencias, retórica. Puaf. Aquella gente, encima, buscaba la belleza todo el rato, lo que en el caso de Galileo estaba justificado, porque era tirando a feo. Muchos de los sabios eran a la vez médicos, pintores, inventores, físicos, químicos, estrategas, arquitectos... Por ejemplo, Leonardo da Vinci igual pintaba *La Gioconda,* que inventaba el carro de combate, el helicóptero o el submarino antes de que se descubrieran la patente y el motor. Si hubieran existido la patente y el motor, Leonardo habría sido morrícola, en lugar de depender de otros morrícolas –los mecenas– que le pagaban sus curros. Además, estudiaba la anatomía de los terrícolas, diseñaba edificios, esculpía... Menudo monstruo, Leonardo. Plastas llegaban a ponerse los renacentistas, llamados humanistas, porque además solían escribir, y eran oradores y astrónomos. Nebrija, español, era un gramático de campeonato; Ronsard, francés, un poeta potentísimo; Miguel Ángel, Tiziano, Tiepolo y Durero, pintores que te pasas; Ambrosio Paré, un matasanos gigantesco; Paracelso, un químico de padre y muy señor mío... Por no hablar de Cervantes, Shakespeare, El Greco y su tía María. Todos ellos y muchos más fueron los renacentistas. Un lujo. Pues bien, Galileo, el que casi me descalabra, era uno de ellos. Le había dado más bien por las ciencias experimentales, como atestiguaban mis chichones. El día que lo conocí, estaba probando las fuerzas gravitatorias, tirando desde lo alto de la torre de Pisa unos meños de diverso tamaño y peso, a ver cuánto tardaba cada uno en estrellarse. Le chafé las mediciones al interponer mi coco. Aunque era joven, ya curraba de catedrático de Mates, pese a lo cual –a veces me doy miedo– me resultó simpático. Resumiendo, era un crack, muy versado en medicina, física y química, entre otras cosas. Nada más presentarnos el uno al otro, me soltó: "Hace unos años descubrí el isocronismo de las oscilaciones pendulares." "Admirable, jefe", le dije, rascándome el chichón derecho. "También he inventado la balanza hidrostática." "No sabe usted –apostillé, acariciándome el chichón izquierdo– cuánto me honra conocer a un sabio tan enorme". Como yo tenía conocimientos similares a los suyos, gracias a las actividades extraescolaes de primaria, me ofrecí para ayudarlo por un módico sueldo. Aceptó. Estaba forrado, entonces, porque tenía de mecenas a un morrícola llamado Giovanni de Médicis. Lo de los mecenas fue importante en toda la movida del Renacimiento. Eran caballeros y

damas morrícolas, nobles, ricos y tal, que se daban pote teniendo sabios a su alrededor. Algunos eran medio sabios, incluso. El caso es que a los renacentistas les venía de perillas. Lo malo es que si los morrícolas mecenas se mosqueaban con algún humanista de su escudería, le retiraban el sueldo y le hacían la cusqui. Giovanni de Médicis, sin ir más lejos, se cabreó con Galileo, porque mi amigo, que tenía tanta lengua como masa encefálica, no se cortó y le dijo que un experimento de un primo suyo –del mecenas– era una boñiga de vaca. "La verdad es la verdad", decía siempre mi compi Gali. Estuve años con él, bajo diversos mecenas, y lo pasé bomba. Con mi ayuda, modestia aparte, perfeccionó los telescopios inventados años antes por holandeses e italianos. Con ellos observó la Luna, y la definió y describió a las mil maravillas. Descubrió que la Vía Láctea es una aglomeración de minúsculas estrellas, cosa que yo sabía, porque la cruzaba como otros, la acera de su calle, pero que para los terrícolas era una novedad como un piano. Descubrió también, el muy animal, los satélites de Júpiter y el anillo de Saturno, observó las manchas solares y acabó por desvelar las fases de Venus. Todo ello con el telescopio –molón para su época, pero una birria en realidad–, las matemáticas, con perdón, y su poderoso melón. Con sus descubrimientos confirmó las teorías de Copérnico, el astrónomo polaco que años antes había dicho que eso de que el Sol y los planetas giran alrededor de la Tierra es una chorrada, porque es la Tierra la que, como los demás planetas, gira alrededor del Sol. Llegó a esta conclusión con un poco de chiripa, pues no lo dedujo ni lo demostró con fórmulas y observaciones. Le molaba lo redondo, y meditaba mucho sobre lo bellas y logradas que son las cosas esféricas. Así, creía que los astros tenían que hacer movimientos perfectos, o sea, circulares, y que la Tierra y los cuerpos celestes habían de tener, a la fuerza, forma de pelota. Y acertó, como luego demostró

Gali, junto a Kepler, el que comprobó el movimiento orbital de Marte. A Gali le fascinaba una frase que soltó Copérnico un día que le dio por tirarse el rollo. Decía así: "Como desde lo alto de un regio trono, el Sol gobierna la corte de los planetas que en torno suyo le dan respetuoso cerco."

Gali tenía mucho talento y algo de morro, seamos sinceros. Él, inventar, inventar, no inventó, como he dicho, los telescopios; pero cuando presentó el anteojo a las autoridades de Venecia –muy interesadas en el invento, sobre todo para que su flota viera de lejos al enemigo–, insinuó que era cosa totalmente suya. Tampoco le contó a Kepler, que se lo contaba todo a él, su descubrimiento de las fases de Venus, por si Kepler investigaba más y le pisaba la exclusiva. Gali era también un pelota magistral. Hacía bien porque, en aquellos tiempos, los sabios y los artistas tenían que dar coba a los massas, mecenas y morrícolas en general. Cuando empezó a tener problemas con la Iglesia, que seguía diciendo que el Sol gira alrededor de la Tierra, lo vi hacer maravillas ante los cardenales más huesos, sobre todo ante Belarmino, un fiera, que la tomó con él. La Iglesia, que entonces mandaba un mazo, había prohibido difundir las ideas del difunto Copérnico, el amigo de las esferas y las bolas, porque decía que eran herejías. Como Gali era un copernicano de tomo y lomo, lo acusaban de hereje en grado sumo. Pues bien, mi amigo se las apañó para contarle al terrorífico cardenal Belarmino que, siendo de las ideas de Copérnico, no era copernicano ni mucho menos; pese a que Copérnico, que por supuesto era un hereje y no tenía ni idea, también tenía cosas buenas, pese a ser malvado de remate y positivo en parte. Una birguería de rollo patatero, la que le metió. Yo estaba presente, y además leía el pensamiento de Gali, quien, mientras llamaba a Belarmino "Sapientísima y Serenísima Eminencia", en realidad estaba pensando: "Vaya clérigo borrico, que piensa que el Sol gira alrededor nuestro y que nosotros estamos plantados como alcornoques, inmóviles en mitad del Universo." Pero años después, cuando publicó un libro maravilloso titulado *Diálogo entre los sistemas máximos de Ptolomeo y Copérnico,* en el que ni mencionaba las teorías de los sabios preferidos por la Iglesia, ya ni el pelotilleo le sirvió. Fue procesado y obligado a decir en público que estaba equivocado. Pero en su interior, bien lo sé yo, nunca dio marcha atrás. Fueron años malos para Gali y para mí, que sufría con él, porque juntos habíamos descubierto muchas cosas, sin hacer mal a nadie. Pero los terrícolas sois así. Algunos han acusado después a Gali de gallina, pero no era un gallina. Yo sí, a mucha honra, pero él, no. Gali tenía que seguir entero y vivo, para descubrir y escribir aún mucho y muy bien. Por menos, Belarmino había hecho quemar a otro gran sabio, Giordano Bruno. No era cosa de acabar de sabio a la parrilla.

Aunque tenía un pelo de jeta –quién no lo tiene–, y discutiendo era muy faltón y ponía como un trapo a cualquiera por cualquier chuminadilla, Gali era un tío estupendo. Se ocupaba de las estrellas, y eso me llegaba a mi alma alienígena. Sabía latín por un tubo, pero escribía sus libros en un lenguaje popular muy bello y nada redicho, para que todo el mundo pudiera comprender, al menos en parte, sus complicadas teorías. Daba gusto verlo allí, en su casa de Venecia, o en Roma, o en Florencia, siempre mirando por los telescopios, siempre escribiendo o llamando alcornoque y cerdo a quien decía una inconveniencia sobre Marte o la Luna. Alguna manita le eché yo, con mensajes telepáticos, para que se hiciera idea de cómo es el cosmos en realidad. Pero sin mi ayuda, aunque más despacio, habría llegado a las mismas conclusiones. En fin, que disfruté lo mío con aquel cabeza total que todo lo investigaba. Todo, hasta ponerse pesado, incluso. Paseábamos por una calle, veía un charco y empezaba a enrollarse con el problema de la densidad de los líquidos. Se caía un cristiano ante nosotros y, antes incluso de ayudar a levantarse al cristiano, disertaba sobre el prodigio de las fuerzas gravitatorias y los fenómenos que acompañan a la caída de los sólidos. El sólido, normalmente, se cabreaba bastante.

Cuando dejé a Gali, porque yo tenía que seguir mi viaje de estudios, ya era un hombre mayor y enfermo; pero su cabeza seguía casi igual, hecha una fiera de curiosidad y ganas de saber más aún de lo que ya sabía. Gracias a Gali y los demás, en aquellos dos siglos y pico, los terrícolas europeos descubristeis que los hombres no sois el ombligo del Universo, inventasteis la imprenta, comprobasteis que la sangre circula por las venas, bombeada por el corazón, que entre Europa y las Indias está América; que los cuerpos son atraídos por determinadas fuerzas... La pena es que también encontrasteis aplicaciones cada vez más mortíferas a las armas y, especialmente, a la pólvora. No todos los descubrimientos son buenos, ni todos los avances molan. Pero Gali era chachi y sólo descubría cosas buenas, pese a que algunos de sus experimentos tuvieran su peligro, como recuerdo cada vez que palpo la abolladura que me quedó en el coco, a la altura de la antena derecha.

MI ENCUENTRO CON GALILEO NO FUE MUY AFORTUNADO.
¡AY!
PISA NO ERA LO QUE ES HOY.
¡NO DEBERÍA PASAR TANTAS HORAS CON EL TELESCOPIO!
GALILEO FUE PROCESADO Y OBLIGADO A ABJURAR ANTE UN TRIBUNAL DE LA INQUISICIÓN.
YO NO DIJE DIEGO, DIJE DIGO.
¡GÑ..!
EL RENACIMIENTO DIO...
...SUPERCOCOS POR UN TUBO...
¡TLAC! ¡TLOC! ¡TLAC!
...LEONARDO, MIGUEL ÁNGEL, CERVANTES...

Luis XIV, El Pelucón

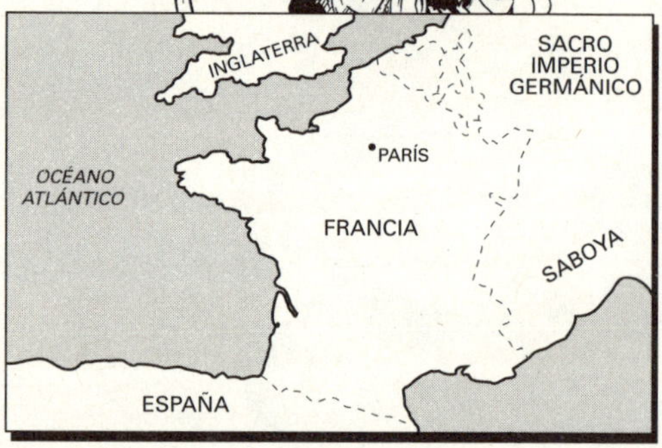

AÑO 1700

Gracias a una cebolla extraterrestre conocí por dentro la prisión de La Bastilla, cuando era un trullo de primera división, con grilletes, alaridos, ratas y demás. Hubiera preferido visitarla como turista y no como cliente, pero así es la vida. La experiencia fue, al menos, ilustrativa, que diría el sádico de mi profe. Acababa el siglo XVII. Desde hacía mucho, mandaba el massa Luis XIV, que era rey desde los cinco añitos. Cuando me mandó a La Bastilla, llevaba el pelucón más grande que he visto ponerse a terrícola alguno, porque aquel monarca no se cortaba un pelo. Se comparaba con el Sol, en las fiestas se disfrazaba de Júpiter –o de como creía que se vestía ese dios– y le decía a todo el que se acercaba: "El Estado soy yo", a lo cual todo el mundo decía que indudablemente, porque el tío del pelucón era un rey absoluto. O sea, total. A ver si me explico:

si no le decías que sí, que el Estado era él, te metía un puro absoluto.

Casi un siglo antes, al terminar mis andanzas con Gali, estuve por Castilla, echando un vistazo al corazón del imperio español, que dominaba gran parte de América y un cacho de Italia, Francia, Alemania y los Países Bajos, entre otros sitios. Luego visité tierras de turcos, otros que tenían un pedazo de imperio y eran enemigos de los españoles y los cristianos en general, porque para eso eran infieles, o sea, musulmanes como ellos solos. Luego, al ponerse de moda las monarquías absolutas, me fui a vivir en la más absoluta de todas: la francesa, con Pelucón a la cabeza.

Desde los tiempos de Renacimiento, la Europa medieval iba siendo menos medieval. Seguía habiendo, desde luego, muchos morrícolas con tierras, vasallos y siervos campesinos; porque las cosas nunca cambian de repente entre los terrícolas. Sin embargo, los reyes tenían cada vez más poder. Bueno, casi todos, pues el rey inglés marchaba contracorriente, hasta el punto de que cascó a manos del noble Cromwell, un massa ambicioso y experto militar, que llegó a instaurar una dictadura republicana. Pero, en general, los aristócratas iban de culo, con perdón, mientras los reyes les quitaban prebendas y poder por un tubo. En España, cuando el imperio llegó a su esplendor, a Felipe II no había conde o marqués que le tosiera. Después, en Francia, las cosas fueron aún más lejos. Con decir que Pelucón me recordaba a mis amigos los faraones egipcios. Parecía un dios... Yo lo veía y pensaba: "Pues sí que han adelantado mucho estos terrícolas en cuatro mil años; a veces parecen tontícolas." Pero no era eso.

Llegué a París cuando acababa de morir el cardenal Richelieu, el malo ese de los libros y las películas de los Tres Mosqueteros. La verdad es que, como pasa casi siempre, había sido malo para unos y bueno para otros. Mandaba más que el rey e hizo cosas útiles para la corona francesa, como trapichear hábilmente para conseguir, sin lucha, fronteras en los Pirineos, por un lado, y en el Rin y los Alpes, por otros. Procuraba combatir poco y timar lo más posible, o sea, negociar. Siempre andaba camelando a Holanda para que fuera contra España, o malmetiendo a España contra Alemania, o a cualquiera de esas naciones contra Italia, casi siempre para chinchar, sin que se notara mucho, a Inglaterra. Era un listo, el Richelieu. Así benefició a Francia; pero también hizo la pirula a muchas personas, como suele ocurrir con todos los jefazos. Fastidió, entre otros, a los hugonotes, los protestantes franceses, a los que persiguió y machacó de mala manera, como luego hizo también Pelucón. Entonces era una manía, eso de que en los países católicos se persiguiera a los protestantes, y en los protestantes, a los católicos, y en los católicos y protestantes, a los musulmanes y judíos. Al aparecer mi menda, mandaba otro cardenal, llamado Mazarino. Era un ministro muy mandón, porque Luis XIV tenía cinco años y aún no se había convertido en Pelucón. Reinaba, pero no daba órdenes. A los cinco años, ningún terrícola puede currar, ni siquiera un rey, porque lo mismo empieza a dictar leyes proponiendo el reparto mundial de pasteles o el encarcelamiento a mogollón de todos los profes de Mates, y tampoco es eso. Al principio, yo llevaba en el cabezón la tontería de hacerme mosquetero; pero en cuanto me acerqué a verlos y observé que su curro consistía en liarse a espadazos a todas horas y comprobé cómo pinchaban aquellas espadas del demonio, decidí dedicarme a la agricultura, que es un trabajo muy honroso. Por eso, durante años, fui asesor botánico en las tierras de Monsieur de la Pommedeterre –señor de la Patata, en español–, un morrícola que tenía un mazo de tierras cerca de París. Patata no trataba demasiado mal a sus campesinos y tenía mucho cuelgue con los experimentos botánicos. Le molaban los nuevos cultivos. Yo, encantado, porque había traído semillas de Q-3 y eso me permitía hacer experimentos chachis. Durante años, viví con Monsieur Patata y su gente y me hice amigo de Ferdinand y Mariette, una pareja de campesinos que trabajaban cantidad y las pasaban canutas, porque siempre subían los precios y escaseaba el pan, pese a lo cual solían estar de buenas. Sabían que otros, con otros señores morrícolas, lo pasaban peor y peor lo siguieron pasando hasta la revolución del siglo siguiente. Con Ferdinand y Mariette y el permiso de Monsieur Patata, mezclé pepinos con semillas de puerros de distintas galaxias y obtuve maravillas: melones con sabor a tomate, calabazas con antenas y hasta plátanos inteligentes. Lo que nos divertíamos; pero todo lo hacíamos en secreto, por si pasaba algún cura fanático –había una plaga de ellos– y, acusándonos de brujería, nos acababan asando como si fuéramos pimientos morrones. Así pasamos el tiempo, hasta que Luis XIV se hizo Pelucón y mando a freír espárragos a Mazarino, a su propia madre, sus

hermanos, los nobles y a todo bicho viviente; y se hizo a sí mismo ministro de todo, alcalde de todo y rey de todo, y empezó con la manía aquella de "El Estado soy yo". Entonces decidió construirse en su propio honor un palacio gigante –era modesto, el chico– en un pabellón de caza que había en Versalles. Ordenó que a su alrededor se cultivaran los mejores jardines del mundo. Necesitaban buenos jardineros. Era mi oportunidad y la aproveché. Me emplearon, gracias a un enchufe de Monsieur Pommedeterre. En Versalles vi en acción al Rey Sol y su corte. Cantidad de veces los espié en las fiestas que celebraban en los jardines y en el palacio. El tío que se creía casi un dios y decía que era el Estado, era tirando a feo, para qué decir lo contrario. Encima, con el pelucón daba risa, por lo menos a mis colegas y a mí. Sin embargo, todos los morrícolas, nobles, grandes damas, obispos, ministros y demás decían que deslumbraba como el sol, por su porte. En su presencia, aquella basca de morrícolas de postín medio se arrodillaban. Los favoritos, los gentilhombres y todo tipo de morrícolas pelotas, hacían reverencias ante cualquier cama en la que alguna vez hubiera dormido Pelucón. Los grandes señores se peleaban, y casi se cascaban, por el honor de darle en persona el camisón cuando se levantaba. El camisón, por cierto, también era muy gracioso. En las fiestas en las que el Pelucón absoluto se vestía de Júpiter, los nobles se difrazaban de dioses menos importantes y los jardineros nos partíamos el pecho viéndolos a todos.

Pelucón lo decidía todo. Era juez, obispo total, ministro de marina, agricultura, guerra, transportes y la repera en vinagre, y no era ministro de ciclismo porque no se había inventado el velocípedo. Había altos funcionarios que se llamaban "ministros", pero no mandaban un pepino. El rey procuraba encargarles curros con poca importancia, para que no se enteraran de asuntos importantes y no pudieran hacer sombra al brillo solar de su macropeluca.

De vez en cuando los liaba, para que pareciesen un poco tontos y quedar él como el más inteligente. Menudo morro. Si, pese a todo, algunos ministros destacaban y ganaban prestigio, les metía cizaña, para que se odiaran a muerte y lo dejaran en paz. Eso es lo que hizo con Colbert y Le Tellier. A Colbert le decía: "Oye, vasallo, Le Tellier me ha dicho que cuentas por ahí que tengo cara de cerdito normando." Colbert, hombre ilustradísimo y muy inteligente, se ponía verde de rabia, lo negaba todo y empezaba a pensar venganzas contra Le Tellier. Luego, Pelucón llamaba a Le Tellier y le soltaba: "Decidme, vasallo, ¿es verdad lo que me cuenta el querido Colbert; es cierto que comentáis en la corte que mi rostro se asemeja al trasero de los hipopótamos del Nilo?" Todo era mentira, pero ellos se lo creían y se la juraban el uno al otro, y así pasaban el tiempo haciéndose pirulas y no se entretenían en quitar poder a Pelucón. Y eso que parecía tonto el rey.

En los jardines fui feliz. Además de cientos de criados y jardineros, allí había botánicos maravillosos, con unos cocos envidiables. Uno de ellos era mi amigo el abate Flordelis, un cura entendedísimo en plantas, gran lector de Descartes, el gran sabio francés y europeo de la época. Toda la gente empollona leía a Descartes, que era un terrícola que dudadaba de todo, porque dudando, decía, se piensa más y se alcanza la verdad más fácilmente. Flordelis no era un cura fanático. Como buen seguidor de Descartes, amaba la razón. Sentía compasión por los hermanos herejes, que era como llamaba a los hugonotes. No le hacía gracia que Pelucón los maltratara. "Al echar y masacrar a los hermanos herejes –me decía el cura sabio–, Su Majestad priva a Francia de muchos de los mejores artesanos de la cristiandad." Y era verdad, porque aquellos hugonotes, que tuvieron que salir pitando a Holanda, Inglaterra y otros lugares, eran relojeros chachis, impresores de cuidado, boticarios excelentes... Unos fieras, para resumir. Flordelís creía que se les podía tolerar y convencer con razones. Y con razones, rollo va, rollo viene, trataba yo de camelar a su sobrinita Margueritte, para que me hiciciera caso. Me gustaba un cacho y me trataba peor que Pelucón a sus ministros. Hice lo que pude, pero la nena bebía los vientos por un mosquetero con menos cerebro que los espárragos mutantes que plantábamos el cura y yo de tapadillo. Eso sí, molaba mazo y medio con el sable, fin, fan, fin, fan, todo el rato, venga a marcarse posturitas. Si no hubiera sido por mi cobardía qutresina, le habría, le habría... aggg, aún me da rabia recordarlo. El día que leí el pensamiento a mi amada y vi que me consideraba un plasta obsesionado con las lechugas, decidí dejarla en paz. Fue en aquellos días amargos cuando ocurrió lo de la cebolla alienígena. Fue culpa del marqués de Colbert, el ministro. Estaba en las nubes desde que Pelucón le hizo aristócrata, cosa que, además, hizo con todos sus ministros, funcionarios burgueses la mayoría, para chinchar a los marqueses auténticos. Le encantaba chinchar a todo el mundo. Al creído de Colbert se le ocurrió encargar a los jardineros de palacio un fruto especial para encandilar a una dama. Se lo dijo a un intendente, el intendente se lo ordenó a Flordelís y el abate me lo encargó a mí. Enseguida me acordé de las cebollitas de mi planeta, que son preciosas, y planté una semilla que guardaba para las grandes ocasiones. En dos horas estaba lista. Lo malo es que se me olvidó que las cebollas qutresinas no hacen llorar, como las terrícolas, sino que provocan eructos mundiales cuando se huelen durante un rato. Mi cebolla pasó de Flordelís al intendente y luego a Colbert. Cuando el ministro se la dio a la señora, el marqués no pudo evitar un flato que parecía un trueno. La señora se cabreó, pero no tardó en rugir de igual manera. Ambos se pasaron diez minutos tronando, ante el despiporre maligno de Le Tellier, que estaba por allí. Cuando se les acabaron los gases,

A MÍ, ESO DE LAS ARMAS NO SE ME DABA BIEN.
¡AU!
ASÍ QUE ME DEDIQUÉ A LA JARDINERÍA.
MI ESPECIALIDAD ERAN LAS CEBOLLAS ALIENÍGENAS.
¡!
¡BURP!
¡YO ME PIRO!
¡NO PICAN, PERO...!
FUI A DAR CON MIS HUESOS EN LA BASTILLA.
¡TOTAL, POR UNAS CEBOLLITAS DE NADA!

se lió. Menuda se lió. Colbert puso a parir al intendente y el intendente hizo lo suyo. Lo suyo, lo de los intendentes, era hacer de policías del rey, espiar y mandar a La Bastilla a todo el que no les gustara. Así es como conocí La Bastilla, en la que compartí suite con dos condes que caían gordos a Pelucón; un filósofo que decía que todos los hombres son iguales por mucha peluca que se pongan; dos hugonotes, un ministro que resultó ser demasiado eficiente y una rata, con la que hice buenas migas porque se daba un aire a *Doña Nuña* y me traía recuerdos. La Bastilla no me gustaba un pelo. En cuanto pude, me escaqueé hacia un rincón, me transformé en intendente y me piré al campo; pero no a plantar nada, que ya había tenido plantas para unos siglos, sino a esconderme una temporadita.

EL CIUDADANO Roger Ax

SIGLO XVIII

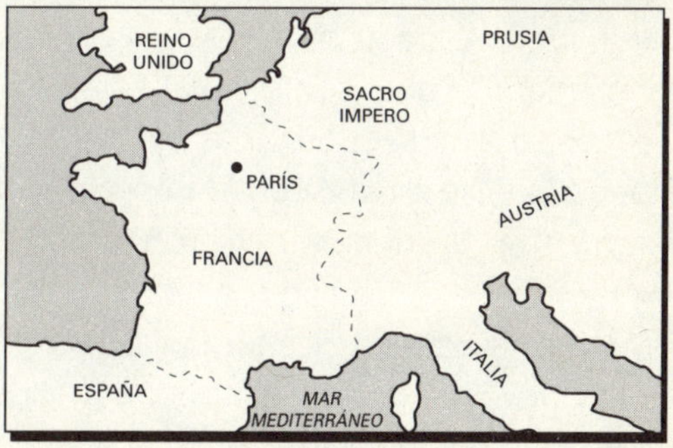

Me arrepentí de esconderme en el campirri. Había demasiada gusa. Los campesinos tenían que dar parte de sus cosechas a los señores morrícolas. También tenían que pagar el diezmo, una pasta que soltaban a la Iglesia por todo el morro. Además, las gentes apenas tenían derechos, lo cual pasaba en Francia y en la Conchinchina. Los hombres no eran iguales ante la ley y eso empezaba a mosquearles. Cada dos por tres había crisis, carestías, pestes, y pasábamos más hambre que un vegetariano en la hamburguesería. No me quedó más remedio que marchar a París a buscar curro; pero lo mismo pensaron miles y miles de campesinos, hartos de la gusa y, claro, en la ciudad no había currelos para todos. Encima, también en París se pasaban canutas. Cuando el campo no producía pan, no había pan en la capital. Ni pan ni casi nada. Ni siquiera un tío tan preparado como yo encontraba empleo. Podría haber sido zapatero, sastre, cocinero y mil cosas más; pero los burgueses, los que tenían negocios de esas cosas, andaban apurados y no contrataban ni a su tía. Todo el mundo estaba de los nervios. Se preparaba una gorda y fue gordísima.

Los cocos estaban cambiando un montón. Desde hacía ya dos o tres siglos, la vida y el bienestar de los terrícolas iban importando cada vez más. En todo el siglo XVIII se había declarado otra movida intelectual, del estilo del Renacimiento, que se llamó Ilustración. Muchos terrícolas empezaron a preocuparse un cacho por la educación, las ciencias y las artes. Si en el Renacimiento les dio por la belleza, en la Ilustración cogieron la perra con la razón. Había que pensar sobre todo, todo se podía criticar razonablemente, o sea, escurriéndose las meninges. El campo debía ser cultivado usando el coco, con ciencia, y no al tuntún. Los ilustrados pensaban que había que repartir bien el agua y plantar boniatos donde crecían bien los boniatos y no donde se le pusiera en la peluca al morrícola dueño de la tierra. El saber ganó prestigio por un tubo y la escuela, con perdón, fue considerada esencial. Se puso de moda ser filósofo, pensar en todo, escribir de vicio y hablar como cotorras, a poder ser de modo elegante. Mucho y bien largaba, por ejemplo, Voltaire, un ilustrado ilustradísimo, que tenía una lengua temible y un melón envidiable. Voltaire, como mi amigo Gali, decía las verdades al lucero del alba, sin por ello dejar de ser algo pelota, sobre todo con los aristócratas ilustrados, que eran los morrícolas que le daban de comer. Pues bien, por aquel entonces, una basca de ilustrados, con Diderot y D'Alembert a la cabeza, se marcaron un pedazo de librote en el que se reunía todo lo conocido sobre matemáticas, ciencias naturales, historia y la pera limonera. Estaba totalmente todo, en su totalidad. Al tomazo lo llamaron *Enciclopedia,* pero, como estaba llena de cosas razonables, resultaba un mazo de hereje para los fanáticos y muy interesante para otros muchos. Para mí fue interesantísima, pues me ayudó a calmar la gusa crónica que padecía; ya que, tras mucho buscar, conseguí trabajo de vendedor a domicilio del cacho librote. Soy el primer vendedor de enciclopedias de la historia. Además, de enciclopedias propiamente dichas. Ya veis si no mola el asunto.

Vender, no vendí muchas. Siete, para ser exactos; pero comí como una fiera. Aunque interesaba a mogollón de franchutes, la *Enciclopedia* sólo podían comprarla unos cuantos, la mayoría de los cuales ya la tenía. De todas formas, iba de casa de morrícola ilustrado en casa de morrícola ilustrado, a ver si había suerte. No compraban, pero me invitaban a pasar a sus salones. Allí fingía enorme interés por lo que decían los filósofos, a los cuales no entendía ni la mitad de las cosas. Mientras las condesas amigas de la razón disertaban sobre la libertad del alma y del comercio y los geólogos se enrollaban con la cosa de la igualdad de los hombres, yo asentía y zampaba. Engullía, un día tras otro, toda la merendola que se servía en los salones, que era mucha. Porque, damas, filósofos y marqueses ilustrados estaban preocupadísimos por el progreso y la libertad, pero no descuidaban la panza terrícola. No vendía enciclopedias, pero engordaba como un lechón. Y vendiendo, o mejor dicho, no vendiendo, estaba mi menda en un palacete, cuando llegaron noticias de que el pueblo de París, encabezado por los burgueses, estaba poniendo a parir a Luis XVI, nieto de Pelucón y massa del momento. Los Estados Generales, una especie de parlamento, reunidos en los salones donde Luis XV y sus morrícolas jugaban a la pelota, exigían una Constitución –una macroley, para entendernos– que quitara poderes al rey. En las calles, las gentes andaban con un cabreo macabeo. El pan era más caro que nunca y todo tiene un límite. Superando mi canguis innato, me acerqué al Juego de Pelota. Así empezó una de las épocas más frenéticas de mi experiencia terrícola.

Casi con tanto canguis como un servidor, Luis XVI, temeroso del mosqueo del personal, había convocado los Estados Generales, que tenían representantes de lo que se llamaban los tres estados: los nobles, el clero y el pueblo. Antes, estas reuniones no servían para nada, pero ahora estaba plagadita de diputados ilustrados, liberales y revolucionarios y era una cosa más seria. Sobre todo los del tercer estado, el pueblo pelón, eran la bomba. Total, que se declararon Asamblea Nacional, se metieron en el Juego de Pelota y la liaron. Decían que de allí no salían sin una Constitución que quitara poder al nieto de Pelucón. En ésas los encontré, colorados como cangrejos, de tanto discutir. Me puse al lado de una chica muy mona y muy ilustrada que se llamaba Francesca. Era francesa de origen italiano. Yo la llamaba ciudadana Paquita y con ella asistí a los debates. Qué debates, cómo largaba aquella gente. Todos me convencían. Tomaba la palabra Mirabeau, que quería cargarse el régimen feudal, y yo gritaba, sin poder evitarlo: "¡Abajo los privilegios feudales!" Luego daba el mitin un conde contrario a la revolución y yo terminaba exclamando: "¡Viva la aristocracia!" Cuando grité esto último, se hizo el silencio. Me miraron fatal, porque partidarios de la aristocracia no había muchos. Menos mal que tuve reflejos y chillé de inmediato: "¡Viva la aristocracia partidaria de la libertad, la igualdad y la fraternidad!" Entonces me aplaudieron. La ciudadana Paquita, más que nadie, y un joven paliducho que había cerca, menos que nadie. Era Robespierre, el que luego se hizo massa revolucionario y cortó cabezotas como otros ponen sellos. Leí su pensamiento de reojo y se me erizaron las antenas. No le gustaba.

Todos los oradores hablaban con mucha pasión y gesticulaban a lo bestia. Lo hacía La Fayette, un noble liberal que había ayudado a los revolucionarios americanos a fundar Estados Unidos y hacer la cusqui a los ingleses; hablaba Armand de Fuguillon, un morrícola con muchas tierras que quería que se repartieran las tierras de los morrícolas con muchas tierras, los cuales no lo querían gran cosa. Hablaban montones de picatostes y ya digo que todos me convencían. Pero sobre todo, me convencía la ciudadana Paquita. Me contaba muchas cosas entre mitin y mitin. Era pinche de cocina en una venta de las cercanías de Versalles. Había llegado allí, como tantos, huyendo de la gusa. "Yo no quiero hacer daño al rey, ni a los marqueses, ni a nadie –me decía–; pero no puedo aguantar que en mi pueblo trabajemos como mulas para nada." Resultaba que el molino, el horno, el matadero y la prensa de moler uvas eran del marqués y, si querían usar-

los, tenían que pagarle; ellos, que sembraban y recogían todo. "Menudo papo", pensaba yo. Los campesinos estaban obligados a hacer la mili. Los hermanos de la ciudadana Paquita fueron llevados a guerras chungas mientras los chicos del marqués lucían por Versalles las pelucas. "No tengo nada –remataba Paquita– contra esos señores, pero como los coja del cuello..." Se ponía verde, la tía, hasta que yo la calmaba. En general, era un cacho de pan. Por ella simpaticé con los partidarios de la libertad, la igualdad y la fraternidad, aunque, como alienígena que soy, estaba obligado a no tomar partido en asuntos terrícolas. No lo pude evitar. Fueron tiempos inolvidables, la verdad. Cada mañana o cada tarde, pasaba algo. Un día, los diputados burgueses de París cogían armas y formaban una milicia. Otro, grupos revolucionarios apresaban a guardias reales y liberaban a prisioneros. Tal mañana, el rey se rajaba y decía que era revolucionario a tope. A la jornada siguiente, reunía veinte mil soldadotes de tapadillo e intentaba cargarse la revolución. Por fin, el 14 de julio de 1789 pasó lo que tenía que pasar. Estábamos la ciudadana Paquita y yo pelando pollos, cuando apareció en la puerta Antoine, un cocinero de la venta. Estaba como loco, cuchillo en mano. Nada más entrar, levantó el gigantesco cuchillo y gritó: "¡A La Bastilla!" Yo creí que nos quería detener, como hizo Colbert decenios antes con mi humilde persona. Pero no era eso. Ocurría que mucha gente se dirigía a la famosa cárcel, para asaltarla, y Antoine nos invitaba a unirnos a la movida. Lo hicimos a medias. La toma de La Bastilla era muy molonguis, porque se trataba del símbolo del antiguo régimen; pero tenía una pega: se hacía a tiros. Y ya se sabe que, donde hay tiros, no hay Roger Ax. Uno, a sus tiernos cincuenta mil años, es muy joven para abandonar el cosmos. La ciudadana Paquita y yo, cogidos de la mano, vimos el mogollón a cierta distancia, bien parapetados. Mi conocida prisión se rindió después de una escabechina bastante espeluznante. Todos los prisioneros salieron libres, con la bandera tricolor en la mano, cantando *La Marsellesa,* y procurando no pisar las barbas de metro y medio que les habían crecido en las mazmorras. Al verlos, la ciudadana Paquita se emocionó y me dio un beso, lo cual acabó convirtiéndome en el más fiero partidario de la abolición del feudalismo, el reparto del pan, la libertad y la juerga eterna si era necesario. Qué días aquellos, colegas.

A medida que se caldeaba el ambiente, se iban aprobando leyes más y más revolucionarias. Los hermanos del rey huyeron de Francia, como muchos morrícolas, y la sublevación revolucionaria se extendió al campo. En la noche del 4 de agosto de aquel año, la Asamblea Nacional, que se había convertido, la tía, en Asamblea Constituyente, que es todavía más, abolió los privilegios feudales. Se acabaron los diezmos a la Iglesia y los impuestos a los morrícolas. Era el fin del antiguo sistema de vida. Los campesinos, como la familia de la ciudadana Paquita, podían ser dueños de sus tierras. Días después, se decretó la libertad religiosa: cada uno podía creer en el dios que le apeteciera o en ninguno. Horas más tarde, la Asamblea dictó la libertad de prensa y todo el mundo pudo expresar sus ideas en los periódicos sin que nadie pudiera encerrarlo por ello en La Bastilla. Ese día la ciudadana Paquita y yo vimos llorar a muchos diputados, sobre todo los que eran impresores y escritores. Pero lo más emocionante ocurrió el 26 de agosto de 1789, mes y medio después del follón de La Bastilla, cuando se proclamaron los Derechos del Hombre y del Ciudadano. La Declaración, que fue leída por un diputado, tenía un comienzo chachi: "Los representantes del pueblo francés, constituidos en Asamblea Nacional, considerando que la ignorancia, el olvido o el menosprecio de los derechos del hombre –"Y de la mujer", gritó Paquita, que se puso como un tomate cuando se dio cuenta de que había interrumpido–, ejem –prosiguió el diputado–, son las solas causas de las desgracias públicas y de la corrupción de los gobiernos, han resuelto exponer, en una declaración solemne, los derechos naturales, inalienables y sagrados del hombre." En el artículo primero estaba lo más molón. Cuando lo leyó el diputado, todos estaban con los pelos como erizos. "Los hombres –dijo el diputado– nacen y viven libres e iguales en derechos." Yo, exaltado a tope, me lancé sin poder evitarlo, y grité: "¡Los alienígenas también!" Casi me echan de la sala. Fue potente, la verdad. El rey tragó, se instauraron las libertades, incluida la de empresa y comercio, que tanto interesaba a los burgueses, y la revolución siguió su curso. Al cabo de los meses, Luis XVI fue depuesto y, más tarde, decapitado. La movida se hizo menos molonguis. Empezaron a mandar revolucionarios más duros, como Marat y Danton, y mi conocido, el macabro Robespierre. Austria y Prusia declararon la guerra a la Francia revolucionaria, para ayudar a los morrícolas, y yo, por supuesto, en vista de que se avecinaba un señor tiroteo y considerando que Robespierre seguía mirándome mal, decidí viajar. Me fui a Inglaterra. La ciudadana Paquita se volvió al campo, a cultivar un terrenito que ya era de su familia. Yo quería ver el país en el que se había abolido la esclavitud –aunque no en sus colonias– y en el que hacía mucho que se producía una revolución industrial de no te menees. Lo bueno de la Revolución Francesa había pasado. Lo que se veía venir ya no molaba tanto.

EN FRANCIA EMPECÉ VENDIENDO ENCICLOPEDIAS...
¡ESTEEE...!
¡BLAM!
¡NIÑO, LAS CEBOLLAS!
...LUEGO, EN UNA COCINA.
ENTONCES, EMPEZÓ LA REVOLUCIÓN.
¡A LA BASTILLA!
LOS CIUDADANOS LIBRES TOMARON LA BASTILLA.
¿?¡
¡MON DIEU, AHORA LOS TÍOS SON MÁS FEOS!
LAS COSAS SE COMPLICARON Y ME LARGUÉ A INGLATERRA.
¡CH!
¡GLUB!
¡CHUIC!
¡BRAVO!

NAPOLEÓN TRAGAPOLLOS

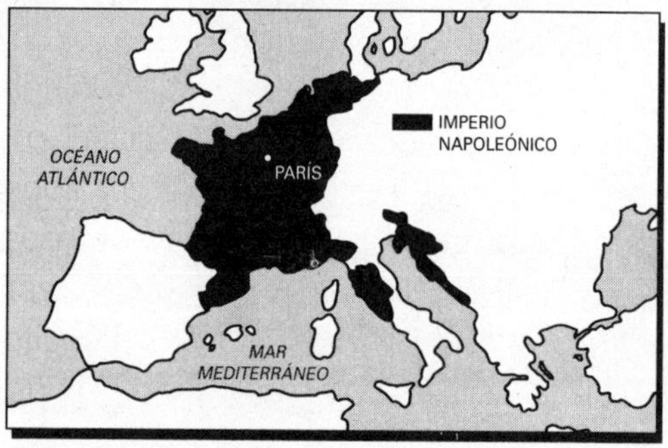

AÑO 1815

Según pasaban los siglos, me molaba menos la guerra. No me molaron los garrotazos neolíticos, así que ahora, con cañones acogotantes, mi canguis era gigantesco. Pero basta que algo no me mole para que me meta en ello de cabeza, que es como me chupé, desde luego contra mi galáctica voluntad, todas las escabechinas napoleónicas. No me libré de ninguna y eso que era arreglapelucas; pero en vuestro planeta, a veces, ni los arreglapelucas nos salvamos de la caballería, la artillería y demás inventos de todos los demonios. Cochina vida, la de los terrícolas sin suerte.

Me piré de Francia porque había guerra y, encima, la revolución se ponía chunga. El paliducho antipático que me miraba mal, Robespierre, se quedó solo cortando cabezas de enemigos de Robespierre. Luego triunfaron los enemigos de Robespierre y le cortaron la cabeza a Robespierre y a los amigos de Robespierre. Después, se hicieron massas otros tíos, enemigos de la revolución, que cortaron cabezas de amigos de todo el mundo. Tras un tiempo en que mandó un gobierno llamado Directorio, se hizo massa total el joven militar Napoleón Bonaparte. Este señor se acabó nombrando emperador a sí mismo y, durante años, organizó en Europa –y en otros sitios, porque una vez, por ejemplo, le dio por conquistar Egipto– tal bochinche que logró, para largo tiempo, el récord mundial de batallitas y escabechinas.

Al desembarcar en Dover, en Inglaterra, yo ya sabía que aquel país era enemigo de Francia. Era raro, porque allí tenían, como querían tener los franchutes, un gobierno parlamentario, más democrático de lo normal, aunque no demasiado democrático, y mucha libertad de comercio y esas cosas. Los ingleses eran los primeros que estaban realizando la revolución industrial. Abundaban las fábricas de tejidos, las minas, los hornos para fundir metales, un comercio guay y todas esas cosas que querían hacer los burgueses franceses. Desde que acabaron los mogollones de Cromwell, siglo y medio antes, contaban con un parlamento elegido por la gente. No por toda, pero menos daba una piedra en aquellos tiempos. El Parlamento se dividía en Cámara de los Comunes, elegida por los mendas con derecho a voto, y Cámara de los Lores, formada por morrícolas, es decir, aristócratas, a los que no elegía ni su padre. Bastantes morrícolas ingleses eran a la vez burgueses, o sea, marqueses con negocios y fábricas. Había muchas cosas, en fin, parecidas a las que querían los franchutes, o por lo menos muchos de ellos, al principio de la revolución; y, sin embargo, unos y otros estaban en guerra. Cosas de terrícolas. Los ingleses ayudaban a los morrícolas franceses. Además, Inglaterra estaba formando un cacho imperio y no quería que Francia, revolucionaria o no, le hiciera la competencia. De todas formas, en Inglaterra los morrícolas mandaban cantidad y, aunque tenían cosas modernas, como la Cámara de los Comunes y fundiciones y toda la pesca, guardaban modales del tiempo de Maricastaña: venga pelucas, venga ceremonias ante el rey, venga a tomar el té a las cinco y rarezas por el estilo. También por eso, los massas ingleses no aguantaban a los nuevos massas de Francia. Eso es lo que deduje después de mi experiencia británica, tras mucho escurrirme el poderoso cerebro extraterresre.

Tenía una cosa muy clara. Nada de curros militares, ni de acercarme a sitios donde hubiera horcas, guillotinas ni similar. Al ver tanta gente con peluca, se me ocurrió usar mis conocimientos de experto en disfraces y pelambreras, que de tanto me valieron en la Tierra para buscar trabajo como peluquero consumado. Esta vez no tenía enchufe, de modo que me presenté por todo el morro ante un filántropo –o sea, amigo de la humanidad– que tenía fama de ayudar a quien se lo pedía. Era el Duque de Quessex, Lord Pressing, un tío la mar de deportista, al que camelé enseñándole a jugar al fútbol, pese a que no se había inventado aún. A los pocos días, me dijo que podía trabajar como cuidador de pelucas de su querido amigo el caballero Arthur Colley Wellesley. Me puse contentísimo; pero resultó –lo descubrí demasiado tarde– que el Wellesley de marras era el Duque de Wellington, general de Su Majestad, un militroncho como la torre de Londres. Y lo que era peor, se trataba del estratega encargado de hacer la cusqui a Napoleón por toda Europa. Mi destino estaba sellado. No me iba a perder ni una escabechina. Hasta la de Waterloo me tragué.

Empecé a currar un poco mosca. Corría peligro de ir a la guerra, porque aquellos caballeros no se quitaban la peluca ni en la guerra. Tuve un momento de esperanza cuando supe que a Wellington le molaban poco las pelucas, pero mi gozo se fue al pozo al saber que a sus ayudantes sí les molaban, y ellos iban hasta a las escabechinas en las que no participaba Inglaterra, como observadores. Así, a las primeras de cambio, acabé en el campo de batalla de Marengo, donde Napoleón dio cantidad de caña a los austriacos. Bueno, más que Napoleón, sus soldados, porque él, como jefazo que era, no pegaba un tiro. Yo estaba en el campamento de los generales, cuidando las pelucas de Lord Setboll, observador inglés. En lo alto de una colina, los jefazos austriacos miraban con catalejos cómo sus hombres se llevaban cañonazos por un tubo. Así todo el día. Qué canguis pasé. Apenas podía peinar pelucas, con el tembleque. Todas me salían rizadas. Por fin, a media tarde, ordenaron retirada. A Lord Setboll no le hizo gracia, porque estaba tomando el té; pero a mí sí, para qué nos vamos a engañar. Encabecé el repliegue con tanto entusiasmo que se me olvidaron varias pelucas. Lord Setboll casi me fusila.

Después de la escabechina de Marengo, Napoleón, que ya era Primer Cónsul, o mandón máximo, se coronó emperador por todo el papo. No era pavo real ni nada. Hasta el Papa tuvo que ir a la coronación, pues con los ejércitos que Bonaparte tenía, no era cosa de llevarle la contraria. Estaba tan subido a la parra que, cuando tuvo un hijo, hacía que al nene lo llamaran *Rey de Roma.* Era un poco de chiste, me contaban, porque cuando, por ejemplo, estaban la emperatriz y él charlando en el palacio, lo mismo entraba una tata y decía: "Majestades, el Rey de Roma se ha hecho caca." Si estaba el embajador de algún país amigo, se aguantaba la risa para que el papá no le declarara la guerra. Menudo era. Iba conquistando naciones y más naciones, en las que colocaba de jefes o de reyes a sus amigos y sus hermanos. En todas partes instauraba su Código Civil, que se hizo famoso. Eran una porrada de leyes bastante modernas para la época. También hacía obras públicas y cosas ilustradas, como escuelas, carreteras, alcantarillas y tal. Pero era un invasor y fusilaba a muchos que no querían ser invadidos, lo cual no era plan. Cuando invadió Portugal, me tocó pasar canguis una vez más. Esta vez fui con el mismísimo Wellington. Antes de eso, y después de lo de Marengo, y pese a mis brillantes discursos sobre lo necesaria que era mi presencia en Londres estudiando las últimas tendencias en pelucas, había acompañado a los observadores Sir Corner y Lord Offside en las movidas de Austerlitz y Jena, donde el papá del Rey de Roma vapuleó, juntos y por separado, a rusos, austriacos y prusianos. Siempre me tocaba, como se ve, el campamento perdedor. No observábamos más que derrotas, la verdad. Me especialicé en acaudillar retiradas, poniendo, eso sí, las pelucas a buen recaudo.

Con Wellington y su ejército la cosa era distinta. Mi jefe no iba de observador, por desgracia. Y además era un militroncho cabezota que no se retiraba nunca. No orde-

naba irse atrás ni siquiera unos metros, para que no nos dieran los bombazos. Cero patatero. Qué trabajo le hubiera costado. En Portugal, desembarcó con unos quince mil soldados y un cuidador de pelucas que luego no se ponía. Me llevó por si acaso, según me dijo. Enseguida derrotó a los franceses del general Soult en la batalla de Vimeiro, y pasó a España. Ayudó a los guerrilleros y los ejércitos españoles en la guerra contra la invasión napoleónica. En la batalla de Talavera cayó un obús en todo el baúl de pelucas. Me quedé sin nada que hacer, lo cual fue una desgracia, porque me buscaron tarea como tambor auxiliar del Real Batallón de Bebedores de Té de la India. Allí nadie era de la India ni probaba el té. Deberían haberse llamado Real Batallón de Bebedores de Ginebra, bebida que sí les gustaba; o Real Batallón de la Melopea por Su Majestad, porque se pasaban la vida brindando por el rey entre grandes gritos. Así era aquel ejército, que, sin embargo, ganaba batallas. Yo tocaba el tambor a las órdenes de mi amigo Marck, al que llamaban Pompón. Pompón y yo teníamos un trabajito espeluznante, que consistía en darle al tambor, rataplón, rataplón, cuando el batallón avanzaba, para que los bebedores de cualquier cosa menos té se animaran a atacar. Ni falta que hacía que los animaran, pues la ginebra se encargaba de ello. Estuve, por tanto, jugándome mi cuello alienígena para nada durante toda la Guerra de la Independencia española. ¡Cómo echaba de menos mis retiradas con las pelucas! Cuánto canguis, madre mía. Ni un mal repliegue. Y, encima, el canguis fue lo que estuvo a punto de causarme la ruina en Waterloo.

Mientras yo tocaba el tambor como un idiota, Europa se iba alzando contra el papá del Rey de Roma, que perdió en España y en Rusia, donde el frío, la inmensidad del territorio y los soldados del zar acabaron dándole para el pelo al ejército más numeroso de la historia. De seiscientos mil que atacaron, volvió la décima parte. Napoleón cambió con los años y las derrotas. Se puso tonelete y tenía achaques en la barriga y el trasero. Comía como una fiera, sobre todo pollos, que se tragaba de un bocado, casi sin masticar, ñam, ñam, incluso en mitad de las batallas. No podía cabalgar bien y se cabreaba. Finalmente, El Tragapollos fue depuesto y encerrado en la isla de Elba. Yo, feliz de dejar el tambor, volví a mis pelucas londinenses. Un día, cuando ponía rulos a una muy bonita, llegó Wellington y me dijo: "Chico, prepárate. Bonaparte se ha escapado y recluta un gran ejército." "Señor –le dije–, ¿qué pelucas meto en el baúl?" "Ninguna –contestó–. Agarra el tambor, que lo hiciste muy bien en España." Pálido de miedo, balbuceé que tenía una muñeca dislocada, que el ruido del tambor me producía estrés y que mi abuelo estaba muy malito. De nada sirvió. Acabé aporreando como un loco el tambor en Waterloo, la última batalla del emperador Bonaparte.

Waterloo es un pueblecito de Bélgica en el que se encontraron el ejército francés y el de los ingleses y los prusianos. Allí, Roger Ax, servidor de ustedes, estuvo a punto de hundir a Wellington y prolongar la carrera de Napoleón Tragapollos. Fue el 18 de junio de 1815. Llovió toda la mañana, por lo que se retrasaba la escabechina. Yo miraba al cielo y rogaba que cayera el diluvio universal II; pero escampó y me tocó redoblar. Por la tarde empezó la batalla. Un infierno, colegas. Setenta mil franceses y el doble de aliados prusianos e ingleses se hacían trizas en el valle, mientras Napoleón, Wellington y Blücher, el massa prusiano, miraban desde sus respectivas colinas. A los estrategas les gustaba mucho subirse a las colinas, para que pareciera que dirigían las operaciones. Pero no dirigían un pimiento. Napoleón, de los nervios, con el pollo medio vivo en la tripa, mandaba al mariscal Ney que atacara a la infantería inglesa. Inútil, lo había hecho una hora antes. Wellington, sorbiendo el té, mandaba a su caballería tomar la aldea de Papelote; pero el sitio ya no existía y la

YO CUIDABA LAS PELUCAS DE LOS OFICIALES...
¡CHIC! ¡CHIC! ¡CHIC!
...HASTA QUE, UN BUEN DÍA, LAS PERDÍ.
¡MIS PELUCAS, TE MATO!
¡BANG! ¡BANG!
¡BANG!
ME HICIERON TAMBOR EN UN BATALLÓN DE "BOLINGAS".
ZÓCALA FE NUEFO, AX...
Y POR TOCAR AL REVÉS UN REDOBLE...
A VER CÓMO ERA ESTO...
...TUVE QUE PIRARME ECHANDO MIXTOS DE ALLÍ.
¡PAW!

caballería andaba por el otro extremo del campo de batalla. Blücher, muy serio, decía que girara su ala izquierda, cosa que había hecho dos horas antes, con tanta furia que se había convertido en su ala derecha. El ala derecha era como el metro en hora punta y la orden llegaba a un campo desierto. Ellos venga a mandar y la batalla venga a hacer lo que le daba la gana. Y dentro de la batalla, Pompón y yo, esperando en la reserva con el Real Batallón de Bebedores de Té de la India. Por fin, nos ordenaron avanzar hacia un pueblecito llamado Belle Aliance. Empezamos a dar el redoble de avanzar, que era pun-pun-purrupún. Al acercarnos a los cañones de Tragapollos, me entró un sudor frío, a pesar de que los alienígenas no sudamos. Se me nubló el cerebro y, sin querer, toqué al revés, o sea, purrupún-pun-pun, que era el redoble de retirada, nunca usado hasta ese momento. Al oírme, los gloriosos bebedores de todo menos té dieron la vuelta, e iniciamos una desbandada que estuvo a punto de hacer desmoronarse a toda la vanguardia anglo-prusiana. El estropicio se arregló por los pelos y porque los franchutes estaban hechos polvo. En un rincón del vallecito de Waterloo, oí a unos soldados comentar que buscaban a un tambor auxiliar de Wellington, al cual, los jefes no sabían si descuartizar o fusilar simplemente. Discretamente, vestido de monja belga, abandoné el lugar. Me juré no meterme en más guerras. Y cumplí. No me metí. Fueron las guerras las que siguieron metiéndose conmigo.

EL MOÑO VICTORIANO

SIGLO XIX

Pasé en Inglaterra el resto del siglo XIX. Los terrícolas pegasteis en ese tiempo un cambiazo enorme, no siempre para bien. En cuestión de máquinas, adelantos, inventos y demás, avanzasteis mogollón de mogollones. En lo de portarse bien unos con otros, buscar más igualdad y tal, regulín, regulán. Fue la época del *boom* del capitalismo. Cada vez hubo más fábricas y obreros, y más imperios coloniales. Yo la pasé como obrero del betún, escritor, aprendiz de colono y faquir. Conocí a un escritor famoso, una reina muy tiesa, varios morrícolas y cantidad de pringadícolas, cuyo número aumentó espectacularmente en Europa. También hubo, aunque no tantos, cada vez más morrícolas, que ya no eran marqueses ni condes, sino directores de industrias y jefazos de sociedades anónimas, con chistera y puro.

En primer lugar, curré de niño obrero en una fábrica de betún. Fue duro, pero lo hice porque quise. Tan harto quedé de batalllas y tembleques que, tras las movidas napoleónicas, me estrujé a tope las antenas para buscar una ocupación en la que fuera imposible acabar en un campirri frito a tiros y cañonazos. Primero se me ocurrió hacerme capitalista, pues jamás vi un ricachón tocando el tambor o cargando con un cacho fusil; pero ese currelo tiene una pega: hace falta pasta para empezar y yo no tenía un chelín. Los extraterrestres tenemos algunos poderes, pero no podemos crear chelines de la nada. Es una desgracia. Tuve que hacerme obrero, la actividad de moda. Mucha gente empezaba a dejar el trabajo en el campo, que era una ful, para emplearse en las fábricas. Me cogieron en una de Londres en la que se hacía betún. No las tenía todas conmigo, pues podía ocurrir que el ejército pidiera betuneros para poner chachis las botas de los oficiales; pero parece que no se les ocurrió esa diabólica idea.

La fábrica era uno de los sitios más feos de Londres, que ya es decir; porque Londres, Rochester, Manchester y las demás ciudades eran feas con ganas. Horribles, para ser exactos. O sea, asquerosas, científicamente hablando. Éramos cada vez más y casi todos pobres, porque currábamos de obreros y nos hacían unas casas birriosas al máximo, y nadie, ni siquiera los ayuntamientos, se ocupaba de limpiar los barrios y las calles. Al principio, había hasta epidemias de tifus y otros microbios de ésos. Pese a ello, todo el mundo curraba de lo lindo. Hasta los niños. Los niños trabajábamos una burrada y ganábamos una patata. Los mayores patata y media, no creáis que se forraban. Yo fabricaba betún con grandes y pequeños, de la mañana a la noche, pin-pan, pin-pan. Me hice amigo de Carlitos, un chico de doce años nacido en Portsmouth, que casi era huérfano porque su papá estaba en la cárcel. No pudo devolver préstamos a los usureros y eso se consideraba delito en la Inglaterra de entonces. Carlitos tenía que currar para ayudar a su familia y, los fines de semana, se iban todos a visitar a papá en la prisión. Carlitos Dickens, que así se llamaba, lo pasaba mal. Los demás también. Él observaba mucho y se inventaba historias, y contaba muy bien las cosas, inventadas o no. De mayor se hizo escritor célebre y en sus libros *Grandes esperanzas, David Copperfield, Cuento de Navidad* y otros, puso cosas que conocía por su infancia betunera y perruna, pasada en mi compañía. Pero no todo eran penas. A veces nos reíamos lo nuestro, sobre todo al salir de la fábrica, ya de noche y más negros que la conciencia de un profe en junio. Casi no se nos veía en la oscuridad y aprovechábamos para dar grandes sustos a quien nos caía gordo. Por ejemplo, a la muy antipática señora del usurero que metió en la trena al papá de Carlitos. Era una estirada y parecía una bruja, nos daba paraguazos sin que le hiciéramos nada y encima nos llamaba "chusma". Una noche, la esperamos junto al Támesis y, cuando se acercó a los matorrales en que nos escondíamos, salimos con unos embudos que hacían de altavoces, gritando: "Loro, arrepiéntete" y otras cosas más fuertes. Del susto, se cayó de culo al río y no se ahogó porque se le engancharon las enaguas a un tronco que la arrastró a la otra orilla. La poli buscó a los culpables varias semanas, pero por una vez no me pillaron. No siempre tenía mala suerte en estas cosas.

Mientras Carlitos y yo sudábamos y hacíamos gamberradas y, más tarde, mientras escribía y me presentaban a la Reina Victoria –otro loro, con perdón–, y luego, cuando quería colonizar la India, los terrícolas andabais con un ataque de invenciones que era la bomba bombera: la máquina de vapor –y enseguida los barcos de vapor y el ferrocarril–, el telégrafo, el uso energético del gas, el teléfono, la electricidad, el gramófono... Mister Dalton, un caballero despistadísimo con el que me cruzaba algunos domingos en el centro de la ciudad y me felicitaba siempre las Navidades, aunque fuera agosto, había demostrado que la materia se compone de átomos; el francés Pasteur descubría gérmenes y bacterias y aprendía a cepillárselos con mucho arte... para qué seguir. Todo se descubría y se inventaba y el planeta se hacía más chiquito, porque en tren y en barcos de vapor se iba más deprisa. Hasta las bicis se pusieron de moda, sobre todo a final de siglo. Pasó el tiempo y Carlitos se convirtió en Mister Charles y escribió libros guays, algo tristes pero chachis. Pese a ello, no se olvidó de sus colegas de los tiempos chungos. A mí me llamó un día y me llevó a conocer a Su Latosa Majestad, que era como de chicos llamábamos a la Reina Victoria los del sindicato de menores betuneros. Nosotros, como los adultos, nos habíamos organizado para que no nos mataran de hambre del todo, y en las reuniones, llamábamos así a la massa, a la que todo el mundo

llamaba Su Graciosa Majestad. Gracia tenía poca, la verdad. Al principio de su reinado, más largo que un día de cole sin recreo, parecía más salerosa y hasta un poco liberal. Pero según pasaban los decenios, se arrugaba y se avinagraba cada vez más. Lo peor es que toda la sociedad inglesa se arrugaba y se avinagraba al mismo tiempo que ella. Los papás parecían capataces, los coles eran como cuarteles zarrapastrosos y los reverendos se volvían plastas de campeonato. Eso ocurría entre los morrícolas y los burgueses principalmente. Pero vuelvo a lo de Carlitos. Lo habían invitado a palacio y él consiguió enchufe para que pudiera acompañarlo. Yo ya había dejado el negocio del betún y vivía del cuento. Quiero decir que escribía cuentos que salían por capítulos, cada semana, en el *Patraña News,* un periódico estupendo, aunque algo mentirosillo, la verdad. Ganaba poco, pero mucho más que con el betún. Así que los dos escritores nos presentamos con nuestras levitas y nuestras chisteras en el palacio de Buckingham. Primer fracaso, la cita era en Westminster, otro cacho palacio muy aparente. Salimos pitando, en un carricoche y llegamos por los pelos y con los pelos revueltos, los cuellos sudados y los sombreros descolocados. Por eso nos miraron mal siete mayordomos, un chambelán y el jefe de protocolo de palacio. La reina también, pero era lo normal. Llevaba moño. Un pedazo de moño. El moño más grande y fascinante que he visto. Hipnotizado estaba yo mirando el moño, cuando sonó la voz del chambelán: "Su Majestad desea saber de qué tratan vuestros cuentos." Yo, nota, creía que le leía el pensamiento, porque la moñícola no había abierto el pico. "De ciencia ficción, buen hombre", respondí. Creo que lo de "buen hombre" no gustó, porque todos me miraron con espanto cuando lo dije. Azorado, seguí: "Tratan de hombres que viajan a la Luna, científicos que bajan al fondo de la Tierra, otros que navengan bajo el mar..." El chambelán, sin que La Moños dijera ni mu, soltó:

"Su Majestad piensa que eso es lo que escribe el caballero francés Julio Verne." "Ya –respondí–, es que tiene mucho morro. Me copia." Era verdad, pero no me creyeron. Ni siquiera Carlitos quedó muy convencido. Así es la vida literaria. A la salida de palacio, mi amigo, al que no veía desde veinte años antes, me miró extrañado. Él tenía barba y canas y yo seguía con mi aspecto de muchacho, aunque sin betún en la jeta. "Te noto extraño. Hay algo en ti que no me cuadra", dijo. "Se ve que eres escritor y observas bien a la gente", le contesté.

Con sus barcos de vapor repletos de cañones, los ingleses iban conquistando un superimperio. Todos estaban encantados. La Moños tenía manía imperial. Los demás massas, lo mismo. El primer ministro Disraeli y otros morrícolas le echaban papo al asunto, o a lo mejor lo creían de verdad, y decían que querían civilizar a los africanos de África, los indios de la India y los chinos de China. Pero mientras les hacían el favor, se llevaban sus materias primas y organizaban un comercio de aquí te espero. El mundo se llenaba de colonias. Colonias francesas, alemanas, italianas, holandesas y, sobre todo, inglesas. Y mientras, siguieron haciéndose fábricas, cada vez con más chimeneas y más mugre, los obreros fundaron sindicatos como el que hicimos los niños del betún y algunos pensadores se inventaron el socialismo, que es la idea según la cual los pringadícolas tienen que hacerse morrícolas y los morrícolas pringadícolas, o sea, que las fábricas deben ser propiedad de los trabajadores y no de los capitalistas.

Muy avanzado el siglo, en Europa, la cosa empezó a ponerse fea. Alemania e Inglaterra no se aguantaban. Francia y Alemania, que acababan de tener una guerra chunga del todo, se aguantaban menos aún. El zar de Rusia tenía un no sé qué de peleón que no me gustaba un pelo. Me olía escabechinas y decidí hacerme colono, para poner mares por medio. Me fui a la Real Oficina de Colonias a recoger folletos para elegir sitio. Menudo folleto me dieron. Por colonias, que no quedase: Canadá, Australia, Malaca, Singapur, islas Malvinas, Nueva Zelanda, Hong Kong, la India... Me quedé abrumado. Jopé, qué manera de hacer imperios. Elegí la parte de la India, que me parecía un sitio pacífico, de gentes respetuosas hasta con las vacas, dedicadas siempre a meditar bajo sus turbantes. Me embarqué en el vapor *Calcuta,* confiando en que mi estómago soportaría mejor esa navegación que la de vela. Pero no, vomité igual y, además, me mosqueé. Yo creía que lo de colonizar era un trabajo tranquilito. Pensaba que llegaban los ingleses, con sus chisteras y sus sombrillas, y decían a los jefes de las tribus de Pakistán –allí íbamos–: "¿Les apetece aprender inglés y hacerse cristianos y participar en unos estupendos negocietes?", y si decían que sí, fantástico, y si decían que nasti, buscaban otra tribu más simpática. Por eso tenía la idea de que en el barco viajarían curas, profesores de inglés, tenderos, ingenieros, criados y señoras con sombrillas. Pero el *Calcuta* estaba lleno de soldados. Soldados bigotudos. Terroríficos soldados. Eso fue lo que, entre mareo y mareo, me mosqueó, y con razón, porque pronto descubrí que colonizar consistía en que los bigotudos llegaban a Pakistán y curraban en lo suyo. O sea, pum, pum, pam. Lo de siempre. Luego, ya sí, una vez derrotada la tribu, el jefe accedía a estudiar inglés, llegaba un gobernador británico, o un virrey, se hacía un palacio, las señoras tomaban el té y los reverendos echaban sermones. Los hombres de negocios hacían sus negocios, pero la tribu casi no veía un penique. A mí, pese a no ser pakistaní, tampoco me fue bien la colonización. Yo iba de profesor de inglés pero, mientras los bigotudos convencían a cañonazos a las tribus de lo chachi que es civilizarse, estaba sin alumnos y no me dejaban tocarme las antenas. El coronel jefe de los bigotudos me decía que todo buen súbdito de Su Majestad debía colaborar y pretendía entoligarme el tambor para animar el cotarro en las cargas. No sé qué manía tenían los militronchos ingleses de que me encargara de la percusión en sus escabechinas. Como conocía el oficio y el percal, antes del primer ataque, me deslicé a una cuevecilla, me transformé en faquir y desaparecí. No es que lo pasara de vicio sobre camas de pinchos y comiendo menos que una mosca desganada, no contaré semejante mentira cochina; pero prefería ese plan que el del tamborcito. Durante una temporada, ejercí de faquir en las remotas montañas del norte de la India, a la espera de que, entre tanto invento, los europeos inventaran la paz. Pero inventaron el automóvil, el aeroplano, la radio y la guerra mundial. La paz, no. Yo no me enteraba de lo que ocurría. En mi cama de pinchos me llegaban noticias difusas. Por ejemplo, me contaban que en Alemania se cultivaban mucho la filosofía y la música, lo cual me hizo creer que se había convertido en una nación razonable y pacífica. Allí, fui, pues, a comprobarlo, en el verano de 1914.

EN LONDRES TRABAJÉ EN UNA FÁBRICA DE BETÚN...
¡ZZZZ...!
...DONDE CONOCÍ A CARLITOS DICKENS.
CARLITOS Y YO ESCRIBIMOS UN MONTÓN DE LIBROS MOLONES.
A MÍ ME ACUSARON DE PLAGIAR A JULIO VERNE.
EL RESTO DEL TIEMPO LO PASÉ VOMITANDO...
...DE SOLDADO COLONIZADOR...
¡WHAC!
¡CLAC!
¡PLAF!
¡UAAA...!
...PARA ACABAR DE FAQUIR. ¡QUÉ VIDA, MADRE MÍA!

LA GRAN GUERRA Y EL COGOTE DEL BARÓN

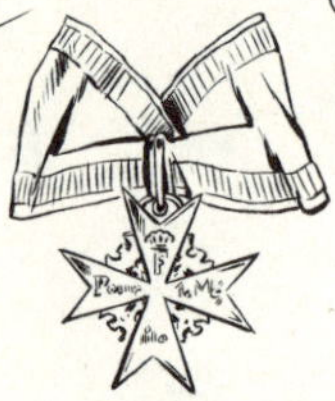

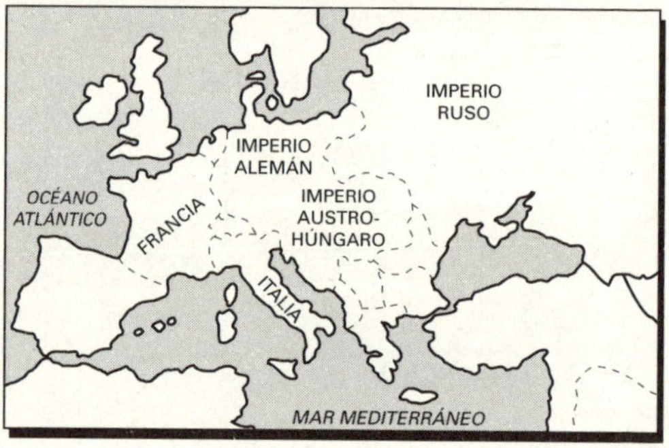

AÑOS 1914-1918

Llegué a Berlín y me puse muy contento. El pueblo celebraba una fiesta guay. Todo el mundo movía banderitas, tocaban las bandas de música, había cantidad de uniformes vistosos. “Cachondeo total”, pensé yo, “es cierto lo que me contaron en las montañas de la India. Este pueblo es feliz debido a la sabiduría de sus filósofos y la sensibilidad de sus músicos.” Me acerqué un poco más a la fiesta, en la Alexanderplatz, una plaza muy céntrica, cogí una banderita y me puse a gritar lo que gritaba todo el mundo: “A París, a París”, decían. Y yo pensaba: “Jopé, hasta excursiones en masa hacen estas gentes.” “A París”, seguían gritando, cuando de repente sonó una música más fuerte y apareció lo que menos me esperaba, un batallón de bigotudos soldados, con cascos terminados en punta y unos pedazo de fusiles como no he visto en mi vida. Mosqueo que te crió, porque los que tenían que ir a París eran los bigotudos y lo que celebraban las masas, como ya se llamaba por entonces a las personas reunidas, era la declaración de guerra. La fiesta sensible, filosófica y musical resultó ser un arrebato belicoso. ¡Estaban contentos porque había estallado la guerra! En el siglo XX los terrícolas empezabais peor que antes. Ni mis amigos de las hordas de Atila hacían tonterías semejantes. Supongo que si los habitantes de Berlín –y los de París, Londres y Viena, ciudades en las que ocurrió lo mismo– hubieran sabido que aquella guerra era la Primera Guerra Mundial, y que, en lugar de durar tres meses, como todos creían, iba a prolongarse cuatro años y se convertiría en el mogollón de los mogollones, me imagino que si hubieran sabido eso, no habrían hecho aquellas fiestas. Pero no lo sabían. Yo tampoco, pese a lo cual me entró el canguis, pues a mí, las guerras, ni mundiales, ni regionales, ni de aldeíta. Mi cerebro extraterrestre se puso rápidamente en marcha. Necesitaba buscarme una ocupación que no tuviera nada que ver con la guerra. Por aquel entonces estaba naciendo la aviación. Existían ya los primeros aviones, que eran cosa de cuatro chiflados civiles y nadie los relacionaba con los ejércitos ni con nada en especial. Se decía que era el transporte del futuro. "Hombre", me dije, "esto me va". Yo, que pilotaba a ratitos mi nave, sabía bastante de aeronáutica y pensé que me podía dedicar a hacer vuelos con aquellos civiles chiflados, mientras los terrícolas europeos liquidabais a cañonazos vuestros problemas. Dicho y hecho, me apunté a un club de vuelo, en el que me pusieron de aprendiz de mecánico y me recibieron muy bien. Durante dos días, me enseñaron lo que hacían y, al tercero, llegó un sargento bigotudo con dos armarios con casco y dijo que el club quedaba militarizado y formaba parte de las Fuerzas Aéreas del Reich. Toma castaña. Así empezó mi carrerón como copiloto del as de la aviación militar alemana, barón von Richthofen, el célebre Barón Rojo, responsable de que en dos años pasara más miedo que en los cinco mil anteriores. Porque andar a tiros en aquellos cacharros, que ya eran en sí peligrosos, sin guerra ni nada, era jugarse el pellejo a cada momento. Encima, yo que no quería ir al frente oriental ni al occidental, en avión fui a los dos; y a los frentes secundarios, también. Un pacifista afortunado, mi menda galáctica.

Al principio sólo hacíamos reconocimintos, o sea, echar una visual a ver cómo y dónde estaba el enemigo, para contarlo al volver y que los de tierra les hicieran la pirula. Pero, con la guerra, la aviación se desarrolló a toda pastilla y enseguida se hizo de combate. Los aviones volaron cada vez más alto y más rápido y, al final, en lugar de unas docenas de cacharros por bando, había ya miles y bastante más apañados que los del comienzo.

Mientras volaba malamente, mirando el cogote del barón, y oyendo el traca-traca-trica –siempre hacía trica a la tercera– del avión, muchas veces veía las trincheras abajo, llenas de nubecitas blancas, que eran bombas, y me preguntaba a mí mismo: "¿Cómo les ha dado a estos terrícolas por hacer el animal de esta manera?" Me lo preguntaba a mí mismo, porque al barón no había quien se lo preguntara, pues la matraca voladora no nos dejaba oír y, además, si le hubiera hecho semejante pregunta me habría tirado con una de sus bombas. El caso es que, charlando aquí y allá, pude entender algo sobre las causas de la Gran Guerra, que es como se llamó al movidón macabro que empezó en 1914. Luchaban el Imperio Austro-húngaro y Alemania contra Francia, Inglaterra y Rusia. Poco a poco, se unieron muchos más países –había tontos en todas partes– a uno y otro bando. Por ejemplo, Bulgaria se sumó a Alemania, Italia, al otro bando, los turcos también a Alemania, los rumanos a los franceses... Increíble, colegas. LLegó a combatirse en Europa, Asia y África, pues alemanes y turcos e ingleses y franceses se disputaron también sus imperios, y en 1917 se incorporó a la lucha Estados Unidos, al lado de Inglaterra y sus aliados. Al principio, antes de que empezara la guerra propiamente dicha, se hablaba mucho de que iba a empezar la guerra, porque Alemania y Francia seguían sin aguantarse, y Austria-Hungría se llevaba muy mal con Serbia, y por lo tanto con Rusia, que protegía a Serbia. Además, Alemania, con el káiser al frente, un tío terrible según decían, quería más imperio del que tenía, pues Inglaterra y Francia acaparaban mucho, y encima en cada país había mogollón de gentes que pensaban que su nación era precisamente la más chachi del mundo. Muchos franceses decían que Francia era la más grande. Muchos alemanes aseguraban que, como Alemania, nada. No estaban colgados, aquellos señores. Y resolvían la rivalidad de aquella manera bruta que te pasas. Los morrícolas de unos y otros lugares, o sea, los ricachones y algunos ministros y gente así, y el rey inglés, el presidente francés y hasta el emperador austro-húngaro, un ancianito que llevaba tantos años gobernando que lo llamábamos Francisco Matusalén, aunque se llamaba Francisco José, querían conquistar nuevos territorios para tener más carbón, más hierro, más cereales, petróleo... Todo se juntó para que estallara el guerrón. La excusa fue el asesinato del sobrino de Francisco Matusalén en Sarajevo. Echaron la culpa a Serbia y la atacaron. Los rusos salieron en defensa de Serbia, los alemanes en defensa de Austria, los franceses e ingleses en defensa de Rusia... y yo, volando como un tonto tras el cogote del barón. Que había batalla en el Marne, en Francia, pues El Cogote y un servidor, por el cielo de Francia. El Cogote me hacía señas de que apuntase a un objetivo –llevaba el aparato de apuntar– y yo, tiembla que te tiembla, hacía como que apuntaba; pero no atinaba una. Con el canguis, yo creo que no acerté un bombazo en toda la guerra. El Cogote me hacía señas, preguntándome si le habíamos dado al enemigo, yo respondía con señas afirmativas –o sea, me marcaba una trola mímica– y tan ricamente. Había batalla en los lagos Masures, hacia la zona opuesta, en donde luchábamos contra los rusos, y allí que estábamos, con la misma movida. Si se luchaba en Italia, en los montes Abruzos, lo mismo. Habría conocido mucho mundo de no haber ido ciego de miedo en todas las misiones. Cuando el barón luchaba contra un avión enemigo, la cosa cambiaba, porque mi misión consistía en rezar a todos los dioses que conocí en mis estancias en las diversas civilizaciones. Todo lo demás lo hacía el dueño del cogote: pilotaba, apuntaba y disparaba. Y también se tiraba el pegote; porque, aunque es verdad que derribó a muchos pilotos enemigos, no fueron tantos como contó. A mí me lo van a decir. Pero el folio se lo tiraban todos, de modo que debe de ser verdad que fue el as de los ases en la Gran Guerra.

Un día, creo que en la primavera de 1917, cuando volábamos sobre el río Somme, en Francia, donde hubo luchas terribles, nos partió un rayo. Un rayo, sí. Es una manera de hablar, porque si nos hubiera partido de verdad yo no estaría contando esto. Nos arreó en la cola del avión, el avión se llevó un meneo tremebundo y me caí. El barón siguió volando, el tío, y yo, gracias a que volábamos bajo, me pegué un guarrazo cósmico, pero menos, en un montón de arena. Bueno, yo creía que era un montón de arena, pero era una trinchera francesa sin franceses. No había franceses porque estaban haciendo un relevo, se habían pirado los que estaban y no habían llegado los nuevos. Se lo tomaban con calma porque era una trinchera de retaguardia, lejos del frente. Así que allí estaba yo, con mi uniforme de piloto alemán, cuando me vieron unos centinelas. "Los boches, los boches", se pusieron a gritar, enloquecidos. Cundió el pánico. Creyeron que, en lugar de un pobre extraterrestre con más miedo que vergüenza, lo que había allí era el ejército alemán al completo, que se había infiltrado por sorpresa. Casi rompo el frente aliado yo solo; pero, al final, se dieron cuenta y me hicieron prisionero. No digo que lo sintiera mucho, porque estaba harto de volar y, además, en los calabozos, aunque se está incómodo, no se lucha. En tiempos de guerra, el calabozo es un chollete. Lo malo es que les dio por fusilarme, a los tíos aquellos.

Les dio a los oficiales, no a los soldados que me custodiaban en el calabozo. Me hice colega de ellos y de un par de ratas que andaban siempre por allí. Los soldados estaban tan flacos y tan hartos de la guerra como los soldados alemanes que conocí en mi estancia con el cogote del barón. Unos y otros, después de más de dos años de guerra, echaban pestes de los massas. Y la verdad es que los generales de la Guerra del 14 debían de estar en la inopia. Creyeron que la lucha duraría unos pocos meses y se tropezaron con una guerra de un tipo que no conocían. Estaban tan igualados, con tantísimos soldados, ametralladoras y cañones, y con un trincherón casi tan largo como la Muralla China, que iba del Canal de La Mancha hasta Suiza, que nadie avanzaba nada. Los jefazos franceses, Joffre y Petain, los ingleses como French y Kitchener, y los alemanes como Hindenburg y Ludendorff estaban notas. Pasmados, pero pasmados del todo. Como idiotas, vamos. No sabían qué hacer, sólo se les ocurría atacar con miles y hasta millones de soldados y hacer unos bombardeos que parecían el infierno propiamente dicho. Y morían miles y miles y cientos de miles de soldaditos para avanzar cien metros. Qué marrón, colegas. Hasta que no usaron tanques y entró Estados Unidos en la guerra, no se rompió aquel empate siniestro. Digo que usaron tanques al final, porque fue un invento de la época. Primero lo inventó un inglés y no le hicieron ni pajolero caso los generales. Luego, sí, les entró en la cabezota que servía para saltar las trincheras. También se desarrolló, como dije, la aviación, y los automóviles y camiones ganaron más y más importancia. Empezó a usarse la radio, se utilizaron gases venenosos, el invento del submarino se convirtió en un peligro, pues pronto se les ocurrió que servía para lanzar torpedos y hundir barcos... La Gran Guerra produjo avances industriales y científicos. Qué cosas os pasan a los terrícolas.

Pero me había quedado en el calabozo, pendiente de que los jefes de mis amigos, los soldados franceses, decidieran cuándo fusilarme por espía. Yo, espía. Un miserable alienígena pacifista, al que los franchutes debían gratitud eterna; porque, gracias a mi tembleque, había hecho fallar todo lo fallable al barón bombardeador, yo ¡un espía! Era el momento de fugarse. Hasta Pierre, mi guardián favorito, me ofreció dejarme escapar y esconderme en su casa de Burdeos. Decía que todas las gentes de su barrio estaban hasta el gorro de la guerra, que querían la paz y no me delatarían.

DESDE 1914 HASTA 1918...
...OS MONTASTEIS UN CACAO DE AUPA.
¡BOCHES!
¡CURSIS!
ESTUVE CON EL BARÓN ROJO...
...HASTA QUE NOS DERRIBARON.
ESTUVIERON A PUNTO DE FUSILARME...
...PERO ME DISFRACÉ DE COCINERO Y HUÍ.
¡YO A TI TE CONOZCO! ¿VERDAD?!
¡PEGDONE, NO GUECUEGDO...!

Por si acaso, mi menda decidió ir a algún lugar que estuviera fuera de la guerra. Y Rusia, donde había revolución y acababan de echar al zar, se salía en aquellos días de la guerra. Me enteré de que necesitaban ferroviarios, entre otras cosas. Aquello me molaba. "Puaf, menudo vacilón, allí, de maquinista", pensaba yo. Y sin guerra, encima. Así que, en un descuido de la guardia, me transformé en cocinero, con gorro y todo, y me escaqueé del calabozo, camino de Moscú, dispuesto a conducir trenes una buena temporada.

AÑO 1919

En Rusia no había guerra mundial. Acababan de hacer la revolución bolchevique y firmar la paz con los alemanes. Pero había guerra civil. Una guerra civil como la copa de un pino. Y en todas partes las pasaban canutas. "Un bonito panorama –me dije al llegar a Petrogrado–. Roger Ax, has vuelto a meter la pata extraterrestre." Y bien metida, pues si necesitaban, como pensé, ferroviarios, era porque había pocos trenes y querían hacer más a toda pastilla, para uso militar. O sea, que en Rusia fui ferroviario de guerra. Éxito total. Menudo siglito, el siglo XX de los terrícolas. Sobre todo al principio, época en la que fueras adonde fueras y curraras en lo que curraras, acababas siendo soldado de un bando. Había decenas, cientos de bandos. Qué manía con los bandos. Quien no formaba parte de un bando parecía idiota. El mundo estaba totalmente enloquecido y cambiando como nunca antes lo había hecho.

Tuve que ir a Rusia en platillo; es decir, haciendo una brevísima visita a Q-3, que aproveché para ver a mis papis, que se pusieron un poco plastas con que me quedara, pues temían que corriera peligro. Todo porque les conté lo de Galileo y la Inquisición. Menos mal que no solté ni palabra de Wellington, Waterloo, el cogote del barón y demás historietas. Si me voy de la lengua, me castigan cincuenta milenios sin salir del planeta. El caso es que viajé en platillo porque no había manera de cruzar Europa en mitad del guerrón verbenero. Atravesar los frentes era demasiado para mí. Llegué a Petrogrado en 1918 ó 1919, no recuerdo muy bien. Sí recuerdo, en cambio, que dudaba entre dedicarme al ferrocarril como ingeniero, como maquinista o como cerebro financiero de una compañía de trenes. Lo que me molaba era lo de maquinista, pero estaba un poco harto de ser currante, así que me decidí a intentar hacerme capitalista de ferrocarriles. Recordaba la Revolución Francesa y lo mucho que se defendía en ella la libertad de comercio y de empresa, y pensaba que en la movida rusa sería parecido. Suponía que habría facilidades para meterse en negocios. En la estación de Petrogrado noté que pululaba mucha gente armada. "Jopé, ya empezamos", me dije. No parecían soldados, pero llevaban escopetones de cuidado. Todos tenían, eso sí, brazaletes rojos, por lo que me imaginé que serían guardias o algo parecido. Me dirigí a uno que tenía cara de buena persona: "Oiga, señor." "Nada de señor –me contestó–. Soy camarada, aquí ya no hay señores." "Claro, camarada, ejem –respondí, reponiéndome del primer corte–. ¿Sería tan amable de decirme dónde puedo informarme sobre la manera de entrar en el negocio de los ferrocarriles, a poder ser como cerebro financiero?" Dicho esto, me encañonó al grito de: "Un blanco, un capitalista, camaradas, un enemigo del pueblo." Así fue como del calabozo del Somme llegué al de Petrogrado, pasando por mi planeta. Resultó que la Revolución Rusa no era como la Francesa. Era una revolución obrera, socialista. Anticapitalista, para entendernos. Lo que había pasado en 1917 es que, después de una primera revolución democrática que derribó al zar y su sistema poco democrático, se había producido otra revolución más radical: la comunista. Desde hacía mucho tiempo, al parecer, se veía venir, porque, en la Rusia de los zares, los morrícolas eran de lo más morrícolas. O sea, que tenían aún más dinero, más propiedades y más tierras, y dejaban en la pobreza a muchísima más gente que en otros países. Rusia estaba empezando a tener fábricas, pero todavía era sobre todo cantidad de campestre, y había millones y millones de campesinos en condiciones chungas. Los obreros eran pocos, pero también lo pasaban mal. La Gran Guerra provocó el cabreo macabeo final. En febrero de 1917, cayó el zarismo. Hubo un gobierno provisional encabezado por el socialista moderado Kerenski, que se empeñó en que Rusia siguiera peleando. Pero, tras nuevas escabechinas y desastres en las trincheras, los obreros de las grandes ciudades y los soldados de los frentes y la retaguardia se sublevaron y apoyaron a los bolcheviques, o sea, los comunistas de Lenin y Trotski. En octubre de aquel mismo año, los bolcheviques se convirtieron en los massas, firmaron la paz con Alemania y Austria e implantaron el socialismo de Estado. Es decir, hicieron pasar todas las industrias y las grandes propiedades a manos del Estado, en nombre del pueblo. Las tierras y las fábricas dejaron de ser privadas. A los dueños de las fábricas y las tierras no les hizo gracia, porque eso cabrea, y se sublevaron. Ellos, más muchos oficiales fieles al zar y otras gentes descontentas con la severa dictadura de los bolcheviques, se enfrentaron a éstos en una tremebunda guerra civil, que fue la que pillé yo por tratar de escaquearme de la guerra mundial. Encima, también fue un poco mundial porque, a la lucha contra la revolución, se unieron tropas inglesas, francesas, japonesas, polacas y hasta alemanas, cuando acabó el gran guerrón. En ésas, con escasez y gusa por todas partes, estaban, cuando yo llegué a la ciudad de los enemigos del capitalismo, dispuesto a hacerme capitalista.

El calabozo de Petrogrado era distinto del calabozo de los militares franceses. En el franchute me llamaban enemigo de la patria y en la mazmorra rusa, enemigo del proletariado. Además, en la celda del Somme había dos ratas y aquí, cuatro, que, para mayor diferencia, eran más gordas. Lo bueno de los bolcheviques es que, en principio, no me querían fusilar, sino mandarme con otros a Siberia, una tierra enorme y lejanísima, en la que no vivía ni su tía, para hacer trabajos forzados y aprender de memoria las reglas del comunismo.

"Camarada enemigo del pueblo –me dijo un día el jefe de los carceleros, un pollo que daba pánico verlo–, el proletariado te ofrece dos posibilidades: o marchar a Siberia o apuntarte voluntario al glorioso Ejército Rojo que lucha heroicamente con las fuerzas de la contrarrevolución. ¿Qué prefieres?" "Marchar a Siberia, camarada –respondí–. La guerra ya la conozco, y esa bonita región, no." "Tu falta de fe en la revolución –dijo el carcelero– te hace candidato al paredón de fusilamiento." "Pensándolo bien –rectifiqué enseguida–, me mola la heroica lucha contra los enemigos del proletariado."

Fui apuntado como heroico luchador proletario en calidad de ayudante del ayudante del ayudante del maquinista del tren del presidente del Consejo Revolucionario de Guerra, que era Trotski, el ministro del ejército, para entendernos. Un revolucionario de primera división, una fiera limonera, como Lenin, al cual vi alguna vez. Lenin me ponía las antenas de punta, porque siempre parecía mosqueado, siempre estaba despotricando contra algún rival, no porque luchara contra él, sino porque había escrito tal o cual cosa que no le gustaba. Eso le ponía negro, a Lenin. Qué lengua tenía, el gachó. Casi igual la tenía mi jefe, el del tren. Ambos eran unos supercocos y unos tíos duros. Trotski no se llamaba Trotski. Su nombre era Lev Davidovich Bronstein. En tiempos de los zares, andaba siempre encarcelado por revolucionario. Una vez, se fugó con un pasaporte a nombre de uno de sus carceleros, que se llamaba Trotski. Así que él, como su antiguo guardián, se hacía llamar Trotski, porque si decía que era Bronstein lo empuraban. Ya digo que tonto no era. Y con Trotski se quedó. Su tren tenía como misión, para mi desgracia, ir de un frente a otro animando a los soldados que estaban en apuros, fusilar a los traidores, desertores y demás, y, lo que era peor aún para mis nervios, intervenir en los combates si hacía falta. Tenía dos locomotoras, porque pesaba cantidad, pues iba blindado y transportaba un cacho aparato de telégrafo, un garaje con automóviles, vagón-oficina, vagón-restaurante y vagón-almacén, con botas, mantas, municiones y qué sé yo cuántas cosas. Teníamos una imprenta con la que se hacía un periódico, baños y un destacamento de unos cien bolcheviques selectos. Unos soldados que no tenían nada que envidiar a los del káiser, desde luego. En cosa de dos años, en aquel tren, recorrimos doscientos mil kilómetros, o sea, como si hubiéramos dado cinco veces la vuelta al planeta. Y no era, desde luego, un tren de alta velocidad de esos que hay ahora. Era una matraca, muy blindada y con muchas cosas, pero una matraca que te pasas, que encima iba por unas vías más podridas que el cuerpo a la vinagreta de Federico Barbarroja. Incluso diría que putrefactas. Para colmo, de cuando en cuando, nos atacaban los aviones, los cosacos de todos los generales antibolcheviques, partidas de bandidos y hasta nubes de mosquitos bielorrusos. Lo de atacar el tren del presidente del Consejo Revolucionario de Guerra era una especie de moda. Eso pensaba yo, al menos, entre susto y susto. Cuando me acuerdo de todo aquel trajín, me pongo a temblar. Incluso, una vez descarrilamos sin que nos atacara nadie. Fue en la estación de Gorki. Me llevé tal soponcio que, al siguiente viaje, una vez reparado el tren, en vez de echar la primera paletada de carbón en la caldera de la máquina, por culpa del trauma, que aún me duraba, la eché en el bolsillo del maquinista, que estaba muy gordo y vestía un mono gigantesco. Me dio una colleja revolucionaria y enseguida se le pasó el disgusto. No era malo. Tenía mucha fe en la revolución, como otros muchos que conocía, y estaba muy contento por el triunfo de Lenin. Trabajaba y luchaba un cacho. Otros eran peores. Así pasa siempre.

En el tren fuimos de una punta a otra de Eurasia, como quien dice. Fuimos al norte, donde habían desembarcado los ingleses, en Arkangel y en Murmansk; a Vladivostok, donde atacaban los norteamericanos y los japoneses; al Cáucaso, donde había franceses; a Polonia, contra polacos o alemanes, no recuerdo ya bien. "Jopé, no falta nadie", pensaba yo, cada vez que en el tren nos enterábamos de que se sumaba uno u otro país a la guerra contra los bolcheviques. Y Trotski ni se inmutaba. Lo mismo daba un mitin de dos horas a unos campesinos que tenían mucho canguis –qué bien los comprendía yo– y no querían luchar ni ceder sus tierras al Estado, que empuñaba un pistolón, se iba al vagón garaje y salía de él con quince o veinte revolucionarios con fusiles a poner verdes a los jefes de un sector que flaqueaba. Un movidón, como cuento. Y el caso es que, repartiendo botas y broncas, y escribiendo artículos, que mandaba a Moscú por telégrafo, acabó ganando aquella guerra, aunque luego todas las potencias atacantes decidieron imponer un cordón sanitario, o sea, un bloqueo, a lo que empezaba a ser la Unión Soviética, y hubo aún más penuria y más gusa, pero eso es otro cantar. Yo me marché antes de que acabara la guerra y empezara el bloqueo. O sea, antes de que muriera Lenin y llegara Stalin al poder. De eso sí que me libré. Me piré porque metí la pata galáctica, para variar.

Resulta que estábamos ganando ya la guerra –bueno, yo no, los bolcheviques– y faltaba una batalla la mar de potente en Polonia. Trotski nos reunió a todos y dijo: "A Varsovia, y si es necesario, llegamos a Berlín." Era una manera de hablar, o sea, como decir: "Somos unos monstruos y les vamos a dar para el pelo." Pero yo no caí en la cuenta y me lo tomé al pie de la letra. "Qué tendremos que hacer en Berlín –pensé–, con lo enemigos nuestros que parecían." Ocurrió lo que ocurrió porque, a las diez horas de viaje, se puso malo el ayudante del ayudante. A las once, enfermó el ayudante. Y a las catorce, cascó el maquinista. Habían tomado vodka caducado y, claro, les dio cagalera, con perdón. Sólo quedaba mi menda, Roger Ax, ayudante del ayudante del ayudante del maquinista del tren del presidente del Consejo Revolucionario de Guerra. "Camarada mocoso –me dijo el propio Trotski–, te toca conducir." "Todo por el proletariado", le contesté yo. Y, sin más preámbulos, enfilé para Berlín, donde llegamos de noche, unas horas más tarde, y sin que se enteraran los alemanes, vayan ustedes a saber por qué. Cuando entramos en la estación de Berlín y paré las máquinas, Trotski me dijo: "¿Dónde estamos, camarada?" "En Berlín, camarada, como usted ordenó." Trotski, pálido de por sí, puso cara de muerto. Se asomó a la ventanilla, vio los letreros de los andenes –sabía un pico de idiomas–, volvió a meter la cabeza, ahora no con cara de muerto, sino de cadáver en avanzado estado de descomposición, me miró con odio, me llamó capitalista asqueroso, traidor y otras cosas peores y ordenó que reculáramos lo más silenciosamente posible. Preferí no leerle el pensamiento. De culo, el tren blindado del camarada Trotski atravesó Prusia y Polonia sin que, por fortuna, nos descubriera nadie. Aquel viaje de ida y vuelta fue el milagro más milagroso de todos los que contemplé en vuestro planeta. Al llegar a nuestras líneas, antes de que Trotski se acordara de que tenía que hablar conmigo, me esfumé. Estupendamente disfrazado de diplomático suizo, me abrí para Ginebra, dispuesto a marchar a Nueva York, ciudad que no conocía y en la que sí se podía ser capitalista, según me habían jurado unos prisioneros ingleses.

ME ACERQUÉ A RUSIA EN PLATILLO Y ME LO QUISE MONTAR...
...DE MORRÍCOLA; PERO, ACABÉ DE FERROVIARIO...
...ANTES, CLARO...
ME HICE MACHACA DE TROTSKI, Y NOS HICIMOS EL PAÍS EN TREN.
...PASÉ POR PRISIÓN.
ME APETECÍA UN CAMBIO, Y LE DI VOLETA AL RUSO.
ME FUI POR LOS ALPES A GINEBRA...
...PARA HACER FORTUNA COMO LOS MORRÍCOLAS.
¡TAK, TAK, TAKA, TAK!

ROGER AX HACE CRAC

AÑO 1929

Volví a coger el platillo para ir a Estados Unidos. Lo pillé en una parada de los Alpes suizos y me dejó en lo alto de un cacho montañón en el Canadá. Desde allí, tiré para abajo, llegué a Michigan y decidí quedarme en Detroit. Allí estaba un famoso morrícola que yo esperaba que me ayudara a ser morrícola. Tenía unas ganas enormes de ser morrícola, pues estaba hasta las antenas de hacer de pringadícola. El morrícola en el que tenía puestas mis esperanzas era Henry Ford, inventor del coche Ford y capitalistón de tomo y lomo. Un hacha que empezó de la nada y se hizo a sí mismo, y se salió bien, pues vivía como un sultán, el tío. Me dio una carta de recomendación para él un espía que conocí en Ginebra. Se llamaba Monsieur Camaleón y trabajaba para todas las potencias y, por lo tanto, contra todas y a favor de todas. Era amigo de todo quisqui y tenía enchufes a gusto del cliente. Si necesitabas una carta para currar con Lenin, te la daba. Si la necesitabas para el Papa, la sacaba del bolsillo. A mí me la dio para Ford. No sé cómo hacía tantas amistades marimandonas. El caso es que mi carta de enchufe funcionó relativamente. O sea, funcionó porque me dio curro, pero no de capitalista, sino de obrero. "Pringadícola de nuevo", mascullé con amargura sideral. Pero quejarme no me sirvió de nada. La cosa fue así: "Muchacho –me dijo don Henry–, los deseos de Camaleón son órdenes para mí. Desde mañana, trabajarás conmigo. Preséntate a Billy Exprimelimones, el capataz de la planta de pruebas de chasis, y dile de mi parte que te coloque de probador." "Gracias, mister –dije–, pero prefiero empezar como capitalista, porque, verá usted, tengo problemas de lumbago..." No me dejó seguir. Mirando por una ventana y fumando un puro más grande que los zepelines alemanes que vi en tiempos del cogote del barón, soltó: "Nada, nada, chico. Tienes que empezar desde abajo, como yo. Los capitalistas americanos comenzamos todos siendo una basura. Un hombre tiene que ser, antes de todo, una basura. Es la manera de aprender. Ahorra unos dólares e inviértelos." Y tan ricamente. A las seis de la mañana del día siguiente, Roger Ax era probador de chasis de los coches Ford de la factoría de Detroit. O sea, el más bajo eslabón de la prodigiosa cadena del capitalismo estadounidense de los años veinte. Pringadícola en grado sumo, para entendernos. Basura total, cumpliendo los deseos de don Henry.

Pringadícolas había mogollón en Detroit, la ciudad de los automóviles, pues allí estaban la Ford y la General Motors. Y también los había en todos los Estados Unidos: en Chicago, Los Ángeles, Nueva York. Porque había cantidad de fábricas en cantidad de ciudades. Entre los más avispados corría la pasta, por aquel entonces, pasta europea, que daba gusto. Cada día se abrían unas cuantas empresas. Aquel país de locos había ido creciendo y creciendo durante todo el siglo XIX. Primero lo formaban unos pocos Estados del este, luego cubrieron todo el territorio que lleva a la costa oeste y colonizaron tierras, descubrieron petróleo, construyeron ferrocarriles, levantaron ciudades en menos que dura un miserable recreo. Hubo una guerra civil entre el norte, más moderno y capitalista y enemigo de la esclavitud, y el sur, más conservador y esclavista, para entendernos. Para crecer y crecer, se cometieron tropelías que te pasas, como lo que hicieron con los indios, a los que les quitaron sus territorios y casi, casi, exterminaron. Llegaban emigrantes de muchos sitios del mundo y todos con unas ganas de currar y una ilu de mucho cuidado. Y sudaban como el que más, los irlandeses, los rusos, los italianos, los polacos... Pero pocos se hacían ricos, claro. Nunca hay muchos ricos. Por lo menos, yo no he visto que pasara eso en seis mil años. Sí creció la clase media, o sea, los comerciantes, abogados, médicos y todo eso. Y la clase obrera, que tenía, cuando yo estuve, unos sindicatos muy distintos de los europeos. Los sindicatos de Estados Unidos eran algo raros, menos políticos, pero bastante brutotes. En algunos se infiltraron los gángsters, que son los malos esos de las películas. Total y resumiendo, Estados Unidos, entre guerrón y guerrón, empezaba a convertirse en el país más poderoso del planeta, entre otras cosas, gracias al denodado esfuerzo de mi menda y los colegas mendas que trabajaban conmigo a las órdenes de Billy Exprimelimones.

Curraba un montón de horas. Mi curro consistía en dar golpecitos con el puño a la carrocería de los coches Ford. Si sonaba ting, es que estaba bien. Si sonaba tong, tang, teng y no digamos clash, es que el chasis era chungo y tenían que revisarlo. Me levantaba al amanecer, salía del cuartito alquilado que compartía con otros catorce currantes, un lugar un poco macabro, a la orilla del río Detroit, llegaba a la factoría y ¡hala!: ting, ting, ting hasta el anochecer, con parada para el bocata, generalmente una salchicha gigantesca, pero cantidad de asquerosa. El bocata lo pagaba la empresa, que era muy avanzada en el trato al currante. Aquel rato del bocata hubiera sido maravilloso de no haber estado siempre con nosotros Billy Exprimelimones, pues durante un rato nos librábamos del ting; pero no del rollo del capataz. Billy se apellidaba Spencer, pero lo llamaban Exprimelimones, porque nosotros estábamos amarillos como esa frutas, de estar allí encerrados tantas horas y, desde luego, nos exprimía bien. En el descanso nos contaba la vida de su jefe, don Henry, una y otra vez, "para que aprendáis cómo es la vida", decía el gachó. Qué pesado. Acabé hasta las antenas de la vida y milagros de don Henry.

Vino a este mundo, a comérselo, no muy lejos de Detroit. A los trece años, se las piró a la ciudad para currar de aprendiz. A los dieciséis, era montador-ajustador en una fábrica de tractores y cosas así; a los veintiuno, se puso un aserradero. Se veía que era un fiera. Como era un culo de mal asiento, enseguida se convirtió en ingeniero jefe de una industria de bombillas que llevaba el nombre de su inventor, Edison. No tenía treinta años cuando, a ratos perdidos, se fabricó, pieza por pieza, su primer coche. Por todo el papo. Tenía cuatro ruedas, motor de cuatro caballos y refregiración por agua. Marcha atrás no llevaba, pero tampoco hay que exigir tanto. Por aquel entonces ya era socio de la Detroit Automobile Company, de la cual se hartó. Como de lo único que no se hartaba era de sí mismo y de Billy Exprimelimones, más que nada porque no lo tenía que aguantar, decidió montar su propia empresa, la Ford. Luego fabricó y pensó automóviles cada vez más chachis, dio algunas ventajas a sus pringadícolas para que curraran más y descubrió que podía vender montones de coches a los europeos. Hasta se compró una flota de barcos mercantes para exportar coches a Europa. Ya se ve cómo era el del puro gigante. Empezó desde abajo pero, a los veintipocos años, ya vivía como un rajá, por mucho que currara. Eso no me lo dijo cuando le pedía trabajo. Era un listo.

Listo, pero no tanto como se creía, ni como decía Exprimelimones. Según ellos, El Puros había inventado el automóvil o poco menos; pero nasti de plasti, que yo me informé. Hacia 1770, o sea, la época en la que yo andaba vendiendo enciclopedias en París, el ingeniero francés Cugnot ya se había construido un cachivache de tres ruedas que era un espanto, pero funcionaba. Durante todo el siglo XIX, hubo inventores con mucho coco que se hicieron mogollón de matracas rodantes a vapor. En 1883, Delamare-Debouteville logró hacer el primer carricoche con motor de explosión y no de vapor. En fin, que Henry se tiraba sus pegotillos. Y yo me tiraba horas y horas, meses y meses, años y años con el ting, lo cual era un rollo cebollo difícil de imaginar. Mientras a mi alrededor surgía petróleo, se hacían más ciudades, rascacielos, películas –porque ya funcionaba el cine y era potentísimo ir a verlo– y de todo, yo sólo deseaba que me llegara un coche defectuoso, para que al menos hiciera tang y así se rompiera la monotonía del odioso ting. Pero no había forma, porque todo lo hacía bien, el Ford de las narices. Al fin, tras ocho años de ting conseguí ahorrar lo suficiente para convertirme en inversor de bolsa. Muchas veces había pensado hacerlo, pero tenía dudas. Había miles de señores que se compraban unas acciones un día y a la semana siguiente eran ricos. No sé por qué, pero así pasaba. Yo veía que, a lo mejor, ése era mi camino y al fin tomé la gran decisión gracias a un amigo del ting. Reuní cuatro dólares, precio de cada acción de la Zeppelin Corporation, y adquirí una. Arriesgué, pues, mis ahorros de ocho años de probador de chasis. La verdad es que podía haber ahorrado mucho más; lo menos veinte dólares, pero no pude resistir la tentación y todas las navidades me escapé al cine a ver películas de Chaplin, que molaban cantidad. Pero bueno, con suerte, me habían dicho, una sola acción podía ser suficiente. Quien me convenció de que invirtiera, y además de que lo hiciera en la Zeppelin Corporation, fue mi colega Jack Ojoavizor, un tipo que siempre adivinaba lo que iba a pasar, según él. Yo hubiera querido invertir en una empresa de aviones, pues me parecía que la aviación tenía futuro, pero Jack Ojoavizor juraba que no; que lo que iba a ser la mundial eran los zepelines, los globazos con forma de melón en los que cabía mucha gente y que, la verdad, molaban un mazo, siempre y cuando no explotaran. Por desgracia, hice caso a Jack y metí la gamba espacial. Él también, porque se gastó ocho dólares en lo mismo, pero otros ocho que tenía los jugó en las carreras de caballos y se forró. Al saberlo, comprendí por qué lo llamaban Ojoavizor.

Mi gloriosa inversión se produjo en octubre de 1929. Convencido de que en una semana sería rico, le dije a Billy Exprimelimones que le dijese al Puros que, por mi parte, iba a dar collejas a los coches su tía la del lago Michigan. Y, muy contento, me marché a Nueva York, a ver la gran ciudad del gran país que ya empezaba a rivalizar con Europa en cuanto a poder económico y, además, se apoderaba, con dólares y barcos de guerra por delante, de Cuba, Filipinas, Haití, el canal de Panamá, Hawai y unos cuantos sitios más. Y andaba yo soñando con lo que me iba a comprar para llevar de recuerdo a Q-3 (dudaba entre la Estatua de la Libertad y el Madison Square Garden), cuando pasó lo que tenía que pasar. Caminaba por no sé qué avenida de Wall Street, el 24 de octubre de 1929, convenientemente disfrazado ya de tigre de la bolsa, cuando a mi lado cayó algo muy pesado. Era un potentado del acero y procedía de un piso 35. Asustado, retrocedí dos pasos, y por eso no me dio en mitad del cabezón extraterrestre otro bulto que se estrelló contra la acera. Éste era un lince de la banca, procedente de un piso 42. Como pude, o sea, esquivando ricachones suicidas procedentes todos de alturas superiores a veinte pisos, me refugié en un bar y allí me dijeron: "Muchacho, la bolsa ha hecho crac. Los ricos se arruinan y se tiran por las ventanas (eso ya lo sabía). Todo el peso del capital cae sobre nuestras cabezas. Si tienes algo invertido, véndelo antes de que valga menos que la suela de tus zapatos." Pero era tarde. Mis cuatro dólares ya no valían nada. Medio Estados Unidos no valía nada. Y la industria de los zepelines, menos que nada. Aquello era el famoso crac del 29, la gran movida de la bolsa, que desató una crisis económica mundial y que acabó con mis esperanzas de convertirme, al fin, en morrícola. Nunca supe qué demonios pasó con mi acción de la Zeppelin

ME TRASLADÉ A LOS ESTADOS UNIDOS EN EL PLATILLO.
TRABAJÉ PROBANDO CHAPA EN LA FÁBRICA FORD...
¡ ¡¡AAA..!
¡CLANG!
¡WHOK!
¡PESS..!
...Y AHORRÉ ALGUNOS DÓLARES TRABAJANDO...
...AUNQUE, EN EL CINE ME GASTÉ MUCHOS MÁS.
ASÍ QUE, DESPUÉS DEL CRAC DEL 29...
¡PLAF!
¡PLOF!
¡PLUF!
...ME PIRÉ A WASHINGTON.
¡GUAY!

Corporation ni con tantos grandes negocios en aquel día macabro. Una vez, un profe terrícola me dijo: "Chico, es muy sencillo, el crac se produjo a causa de la sobreproducción, que saturó el mercado, y del abuso de especulación, que hizo subir las cotizaciones artificialmente. La euforia inversora de entreguerras, muchacho." "Es lo que yo pensaba", mentí. Porque ni pensaba nada antes ni pensé nada después de tan incomprensible explicación. A mis cincuenta mil años soy pequeño. Hasta los setenta y cinco mil no damos macroeconomía así que, cuando llegue, os lo explico. De todas formas, sí entendía que estaba en la ruina y era más pringadícola que nunca. Además, empezaba a haber más pringadícolas que en cualquier otra época, porque las fábricas, las oficinas y los comercios cerraban uno detrás de otro. Era hora de marcharse. ¿A dónde? Pues a Washington. Estaba dispuesto a encontrar curro en la mismísima Casa Blanca, la única casa que no corría peligro de ruina y gusa inminentes.

UN EXTRATERRESTRE EN NORMANDÍA

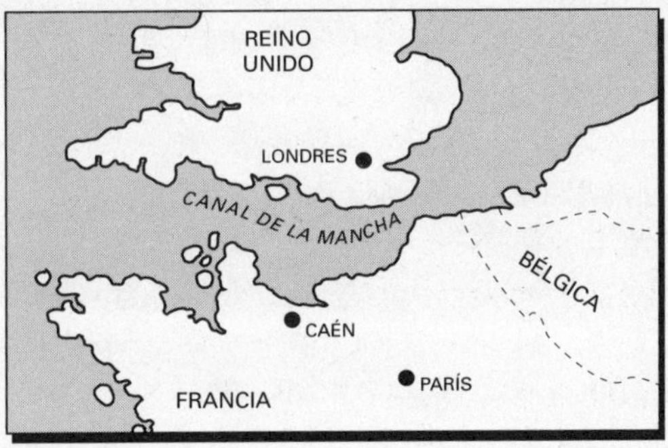

AÑO 1944

No era fácil llegar por todo el morro a la Casa Blanca y ponerse a currar. No. Corrían malos tiempos, con eso del crac y la gusa general que lo siguió. Durante varios años, recorrí Estados Unidos ejerciendo todo tipo de labores de pringadícola. Se puede decir que hice un máster de pringadícola, a la espera de enchufe para colarme de currito en la mansión del Presi. Recogí uvas en California, hice de extra en Hollywood –soy el primer indio que mató John Wayne, a mucha honra–, recogí cagarrutas de perro en Central Park y, finalmente, me contrataron como engrasador de sillas de ruedas del Hospital de Beneficencia de Escayola City, una pequeña ciudad del sudeste del país. Un carrerón, el mío, durante la crisis. Acabé más flaco que la radiografía de un faquir. Pero igual o peor que yo andaban la mayoría de los terrícolas. Menos mal que pronto pude demostrar mi habilidad como piloto de sillas de ruedas. Fue un día en el que los tres conductores diplomados estaban de baja, porque habían chocado entre sí en un cruce de pasillos de la planta de rehabilitación. Jimmy, el jefe de pilotos de camillas, se saltó el stop de la puerta de quirófanos y hubo colisión en cadena. Tuvieron que echar mano de los engrasadores y a mí me tocó llevar precisamente a Jimmy. Resulté ser un virtuoso. Tanto, que un día me reclamaron de la Casa Blanca, para llevar la silla de ruedas del presidente Roosevelt, que había tenido años atrás un ataque de poliomielitis muy chungo y no podía andar. Su conductor acababa de jubilarse y buscaron al mejor sustituto por todo el país. Ése fui yo, modestia aparte. Al fin, allá por el año 1937 o así, entré a currar, por fin, en la Casa Blanca, sin enchufe ni nada. Por propios méritos. Jopé, engordé sólo de pensarlo. Cómo molaba.

Currelar en la Casa Blanca no sólo era un chollo centollo porque el puesto molaba, sino porque el personal pesidencial no iba a las guerras, y el mundo se estaba poniendo feo otra vez. Se veía que iba a haber tomate total de un momento a otro. Y eso que, cuando empezó el primer gran guerrón, o sea, el de 1914, se decía que aquélla era una guerra para acabar con las guerras para siempre. Y un jamón. El tratado de paz de Versalles fue una ful de Estambul que no gustó a casi nadie y, enseguida, aprovechando la desesperación de mucho personal por culpa de la gusa del crac, surgieron partidos políticos cantidad de chungos y bestias. Eran los fascismos, que querían implantar dictaduras y adoraban la guerra y odiaban la democracia. También por miedo al comunismo –el régimen comunista de Stalin en la URSS era bastante terrorífico–

mucha gente creyó los rollos patateros de los fascismos. Primero triunfaron en Italia, donde llegó al poder Mussolini, un pollo que estaba todo el rato dando gritos y enseñando el pecho lobo. Luego, en Alemania se hicieron massas, con muchísimos seguidores, los nazis, que eran los fascistas más animales, pues encima eran cantidad de racistas y decían que la raza aria, y sobre todo los alemanes, era superior y tenía que dominar el mundo y esclavizar a las razas inferiores. Además intentaron, y casi lo consiguen, exterminar a los judíos, los gitanos y otros grupos. Eran tiempos chunguísimos aquéllos. Cuando entré a la Casa Blanca, había guerra en España, donde acabó triunfando, tres años después, la dictadura de Franco, que compartía las ideas de los fascismos. También había guerra en Abisinia, donde Mussolini quería hacerse un imperio, y en China, invadida por los japoneses, que también estaban en manos de militronchos que querían –era una manía generalizada– un imperio. En Rusia, Stalin acababa hasta con sus propios compañeros; en Francia, casi estallaba la guerra civil... Ya veis si no era un marrón vuestro planeta en los años treinta de este siglo.

La Casa Blanca molaba. Y además Roosevelt era neutral. Un cacho de neutral, hasta que dejó de serlo y entonces fue beligerante en grado sumo, para mi desgracia. Pero eso lo contaré después. Decía que, rebuscando por todos los hospitales y sitios sanitarios de Estados Unidos, me eligieron a mí. El chollo fue de cuidado, porque mister Roosevelt no quería usar mucho la silla de ruedas. Le gustaba valerse por sí mismo lo más posible, sobre todo en los actos públicos. Daba, por tanto, pocos palos al agua. Pero cuando me tocaba conducir, debía andar con ojo y con antenas, porque don Franklin, que así se llamaba el presi, era un buen tipo, pero muy exigente. No es que echase broncas si te equivocabas, pero te miraba de una manera que daban ganas de volver a Q-3. Además, yo le leía el pensamiento, y lo que pensaba era espeluznante, lo juro. Aunque estaba pachucho, curraba cantidad. Trabajar de presi es un agobio. Cuando llegué, empezaba su segundo mandato. Había ganado al republicano Hoover en 1932. Más que ganarlo, le había dado una paliza de votos, lo cual era fácil, porque Hoover tenía fama de inútil y era el primer presi americano en mucho tiempo al que insultaban por la calle. Lo veía la gente y le decía: "Inútil, chapuzas, macarra" y cosas de ésas. Así, claro, no hay quien gane unas elecciones. Roosevelt tuvo que liarse a acabar con la gran gusa, o sea, la crisis del crac que se llevó mis cuatro

dólares. Hizo muchas carreteras, hospitales y cosas; y ayudó a los campesinos, se apoyó en los sindicatos y creó la Seguridad Social. En fin, logró reducir el paro y, en unos años, volvió a lanzar a su país hacia la cabeza de la carrera económica mundial. Yo lo llevaba, brrrr, brrrr, por los pasillos, del despacho oval a su habitación, o al servicio –porque los presis también hacen pis– y le leía el cabezón. Tenía un poderoso cabezón. Parecía un noble, el tío. No lo era, porque en Estados Unidos no hay aristócratas. Pero sí que era de familia ricachona. En su cabezón, veía que le preocupaban Europa y Japón. Hacia 1938, cuando los nazis de Hitler habían ocupado Dantzing, Austria y Checoslovaquia y no tenían pinta de parar, noté que se le pasaba la neutralidad a toda pastilla, y me empezó a entrar cierto canguis. No mucho, porque, como miembro del personal presidencial, estaba escaqueado de ir a pegar tiros. Eso creía yo.

No sólo le preocupaba que se preparara la guerra en Europa, sino que además le tenía un gran tirrión a los fascismos. No podía soportar a Hitler y Mussolini. "Uy, uy –pensaba yo–, me parece que éste va a tocar la corneta el día menos pensado." El 1 de septiembre de 1939, los nazis invadieron Polonia; Inglatera y Francia le declararon la guerra a Alemania y comenzó el segundo guerrón mundial, el peor de todos los que conocí en vuestro planeta. Sin que don Franklin se decidiera a intervenir, más que nada, porque los estadounidenses no querían guerra, los alemanes y sus aliados fueron conquistando Polonia, Bélgica, Holanda, Dinamarca, Francia... Casi toda Europa. Luego, Grecia y Yugoslavia y después invadieron la URSS, de la que habían sido colaboradores en los últimos tiempos. La guerra en territorio ruso fue terrible. Antes de eso, durante un año, Inglaterra luchó sola, tras la caída de Francia, y El Presi sufría bastante viendo lo que pasaba y dormía mal pensando en la manera de ayudar a los ingleses, que estaban dirigidos por su amigo Churchill, un viejete gordito que parecía que había nacido con un puro en la boca y era un ciclón. Lo sé porque vino varias veces a la Casa Blanca y lo conocí. Churchill, cuando quería, era un encanto; pero si se cabreaba, largaba un discurso tan plasta, tan plasta, que grandes jerifaltes le acababan dando la razón, sólo para que se callara de una vez. No se estaba quieto ni un momento, pese a sus años y su volumen. A veces, me quitaba los manubrios de la silla y se ponía a conducir él, que no tenía ni idea, para comerle mejor el coco al Presi y sacarle más barcos, más pasta o más fusiles. Esto, antes de que Estados Unidos entrara en guerra. Después... después se labró mi desgracia.

El guerrón ya era entonces un guerrón gigantesco y espeluznante. Había batallas en África y en Europa, se bombardeaban ciudades, los nazis, sobre todo, asesinaban a la gente en masa. En la URSS, se producían las batallas más gordas de la historia, con miles y miles de tanques y cañones y millones de soldados. Allí empezaron a palmarla los alemanes. Pero cuando Japón atacó a la flota del Presi en Hawai, el follón se extendió a todos los continentes. En Asia, la lucha fue de pánico: los ingleses, holandeses, chinos, australianos, neozelandeses y estadounidenses, por un lado, y los japoneses, por otro. Hasta en Oceanía cayeron bombas, pues Japón llegó a bombardear las costas australianas. "Menudo planetita", pensaba yo, a salvo en la Casa Blanca. Ni un continente sin bombazos. Mientras durara mi curro, me sentía a salvo. Me caían muy mal los nazis, claro, pero mi canguis era insuperable. No hay causa noble que me haga superar el canguis, no puedo remediarlo. Por eso, me dio bastante cosa tener que viajar a Teherán, en Irán, para acompañar al Presi, que se iba a reunir con Churchill, el gordito plasta, y Stalin, el del bigote terrorífico. Por aquel entonces, los tres eran aliados y decidían cómo ganar la guerra y cómo repartir después el planetita de las narices. En Teherán había soldados por un tubo. Británicos, estadounidenses y rusos. Todos de echarse a temblar. Se temía –sobre todo lo temía yo– algún atentando o ataque aéreo nazi. Me pasaba el día temblando, pero los massas como si tal cosa, que si Polonia para mí, que si Grecia para nosotros... Menudo morro. El que ya cortaba más el bacalao era El Presi, porque la industria americana era poderosísima y un mazo de potente y construía armas y aviones y barcos y cosas para todo quisqui. En secreto, estaban fabricando la bomba atómica, que terminarían tirando sobre dos ciudades de Japón, después de que se rindiera Alemania. Y tanto el gordito Churchill como el espeluznante bigotudo lo querían camelar. Me quitaban la silla –con bicho dentro– a cada dos por tres, para quedarse a solas e intentar cada uno hacerse más amigo del Presi que el rival. Iba yo bajo unas palmeras, dando un paseo a Roosevelt a medio gas, brrrr, brrrr, aparecía Stalin, su guardia me daba un empujón y el propio bigotes se lo llevaba, diciéndole cosas la mar de aduladoras, por no decir pelotilleras. De repente, surgía tras otra palmera Churchill, su guardia empujaba disimuladamente a la guardia rusa y don Winston agarraba la silla y se llevaba al Presi, a contarle unos proyectos para cuando acabase la guerra. Estaba empeñado en salvar el imperio británico, pero no lo consiguió porque, al Presi, los imperios coloniales le parecían una cosa carroza a tope. Un rollo, la conferencia de Teherán. Tan rollo, que allí decidieron del todo el desembarco de Normandía, o sea, la invasión de Europa. Y decidieron también movilizar a sus naciones a tope. Hasta sus tías tenían que hacer algo. El Presi, muy generoso el hombre, tuvo el bonito gesto de permitir al personal de la Casa Blanca que no fuera imprescindible alistarse voluntariamente. Por supuesto, mi menda se declaró más que imprescindible, pero el ejército no tragó y me alistó voluntariamente en un batallón de paracaidistas. A primeros de 1944, Roger Ax ingresó en las Águilas de Dakota del Norte con el rango de camillero de primera y un telele que le duró hasta la rendición alemana, un año y pico más tarde. Tras un alucinante período de instrucción, en el que conocí al sargento Jackie Decibelios, llamado así por sus dulces gritos, nos comunicaron que iban a lanzarnos sobre Normandía. "Mi Decibelios", decía yo, que aún no sabía cómo me había lanzado en paracaídas en los entrenamientos, "que digo que yo soy conductor de sillas de ruedas, pero no tengo carnet de conducir camillas". Pero nada. "Recluta", me decía el gritón, "tú, tranquilo, que la guerra está ganada". "Bien, mi Decibelios", saltaba yo, "entonces, no me necesitan en Normandía". Pero no colaba. Y así, el 6 de junio de 1944, a las dos de la mañana, me tocó saltar el primero del primer avión del primer grupo de paracaidistas, encargados de tomar un puente cercano a Cherburgo para facilitar el desembarco del amanecer. Me tocó, pero no salté. O sea, que me agarraba y no me tiraba, y así atascaba todo el ataque. Porque, en el ejército, primero va el primero y segundo, el segundo, y si no, no hay tu tía. Y después de mi avión tenía que saltar otro, y el siguiente. Y si no tomábamos el puente, no desembarcaban por la mañana. Media hora estuvo mi flotilla de aviones dando vueltas sobre Cherburgo, a la espera de que me animara a dar el saltito. Yo pensaba en lo que había abajo (tanques supermodernos, bombas volantes, cañones infernales y, quizás ya, armas atómicas) y no me decidía. Tímido que es uno. Hasta que me empujaron. Con los nervios, se me olvidó abrir el paracaídas y caí sobre un estanque de patos, bastante profundo como para no matarme. Allí me quedé. No en el estanque, sino en el convento del que formaba parte el estanque. Rápidamente me transformé en capuchino novicio,

DE 1939 A 1945 OS MONTASTEIS OTRO GUERRÓN Y, ESTA VEZ, ALGUNOS SE PASARON.
¡AK!
TUVE UN PERIODO DE INSTRUCCIÓN ALUCINANTE EN LOS "PARACAS".
¡SALTA YA DE UNA VEZ!
¡NO PUEDO! ¡NO PUEDO!
AQUEL DÍA, LOS NERVIOS ME TRAICIONARON Y ESTUVE A PUNTO DE PIFIARLA.
...LA ANILLA, ¡TIRA DE LA ANILLA!
LA SUERTE ME ACOMPAÑÓ Y FUI A CAER EN UN ESTANQUE DE PATOS.
¿?¡!
¡PUIC!
ME QUEDÉ CON LOS CAPUCHINOS HASTA QUE ACABÓ LA GUERRA.
¡PAZ, HERMANO!

con pies planos, por si a alguien se le ocurría movilizar a los capuchinos. Con el tiempo, uno aprende a no dejar cabos sueltos. Con esa identidad, esperé a que se rindieran los nazis, dedicado a la meditación, la oración y el canguis, que no se me quitó hasta mucho después, cuando asistí en Cabo Kennedy al lanzamiento de la nave que llevó a los primeros hombres a la Luna.

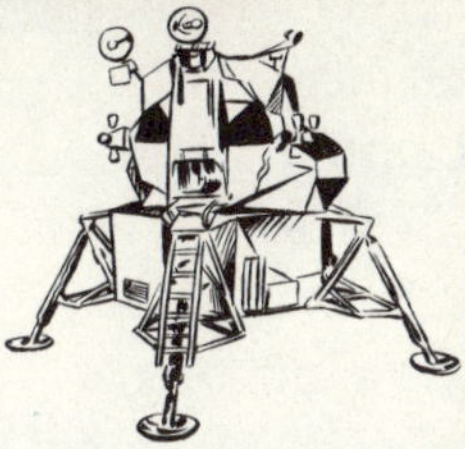

AÑO 1969

Debajo del capuchón de capuchino, me temblaban las antenas viendo tanto desastre, tantas penas. La guerra aún duró varios meses y, al final, casi toda Europa era una ruina y un dolor. Para mayor espeluzne, la escabechina entre estadounidenses y japoneses acabó con el lanzamiento de bombas atómicas en Hiroshima y Nagasaki. Después de todo aquello, el planetita de las narices no volvió a ser el mismo. Los exterminios de los campos de concentración nazis, las armas nucleares y las ciudades hechas fosfatina cambiaron, como se dice, el curso de la historia. Hubo, ya lo sabéis, grandiosos y molonguis progresos. Los aviones empezaron a funcionar a reacción, los automóviles y los ferrocarriles eran maravillas, comparados con los de pocos años antes; incluso habíais inventado la televisión y descubierto los antibióticos, que salvaron muchas vidas en los hospitales de guerra. Pero murieron veinte millones de terrícolas y, al final, el planetita de las narices quedó en manos de Estados Unidos, por un lado, y la URSS, por otro. Mi amigo El Presi murió poco antes de acabar la guerra y le sustituyó Truman, que se peleó con Stalin, el terrorífico bigotudo. No habían pasado dos años desde la rendición de alemanes, japoneses y demás, y ya estabais metidos en la guerra fría. Al mismo tiempo, se acabaron los imperios coloniales. Inglaterra, Francia, Holanda, Bélgica y compañía se vieron obligados a dar la independencia a muchos países de África y Asia. Pero Estados Unidos era un imperio económico –dominaban muchas naciones con el dólar y también por la fuerza bruta– y la URSS, un imperio militar que ocupaba media Europa. Y ambos tenían bombas atómicas. Muchas bombas atómicas, suficientes para destruir el planetita de las narices varias veces. "¿Por qué no les bastará con una?", me preguntaba yo bajo mi capuchón de capuchino, del que sólo me atreví a salir mediados los años cincuenta, de tanto canguis acumulado por mi experiencia paracaidista.

Salí del capuchón capuchino, entre otras cosas, porque ya me aburría un poco. Eran muy buena gente, los frailes. No se metían con nadie, lo cual tenía mérito entre tanto follón. Pero claro, uno es extraterrestre y tenía que ver mundo, que para eso crucé los espacios siderales. Un día, leí en el periódico que los comunistas rusos y los capitalistas norteamericanos no sólo estaban echando una carrera a ver quién reunía más bombas atómicas y quién ponía más a parir al otro, sino que también competían en la carrera espacial. Se trataba de ver cuál de las dos superpotencias, como ya se las llamaba, exploraba antes el espacio. "Esto es lo mío", pensé inmediatamente. Con mis conocimientos de astrofísica, matemáticas y aeronáutica, y mi experiencia de vuelo, pensé, seguro que me admitían, como poco, de ingeniero fardón en la NASA, que entonces se llamaba NACA. Camelé al prior del convento, fray Pasodetoute, que era amigo del primer ministro francés, para que me consiguiera una carta de recomendación para el massa de la NACA. Me la hizo y con ella viajé a Estados Unidos de nuevo. Allí, en efecto, me admitieron en la NACA, pero de coordinador de área de la brigada de limpiezas, sector suelos, subsector escobones, con amplias posibilidades de ascender pronto al subsector de aspiradoras. Pringadícola hasta el último momento.

La década de los cincuenta me la pasé quitando polvo de los pasillos de Cabo Cañaveral y metiendo, de cuando en cuando, mi cuezo de las galaxias pues, gracias a mi mala suerte, Estados Unidos fue perdiendo la carrera espacial hasta que, por fin, logró ganarla colocando dos astronautas en la Luna, gran hazaña para vosotros, pero poca cosa para los que estamos acostumbrados a poner el pie en dicho satélite para hacer pis o estirar las piernas. De momento, en la NACA estiraba los brazos, venga a darle a la escoba. Pintaba menos que *Ham,* un chimpancé la mar de listo –por lo menos, más listo que algunos de mis jefes–, al cual estaban preparando para ser astronauta. *Ham* y Casilda, la coordinadora de la subsección de fregonas, fueron mis auténticos y únicos amigos en la carrera espacial. *Ham* me robaba planos de las plantas de ingenieros, cosa que yo le pedía para echarles un vistazo y ver si iban o no iban bien orientados. El chimpancé, al dármelos, los miraba y movía la cabeza, desaprobándolos. Y tenía razón: eran una chapuza. Casilda, que era monísima y muy simpática, me enseñaba las técnicas de manejo de la escoba, cantidad de trucos para cansarme menos y barrer más cosas con menos escobazos. Los tres jugábamos al póquer cada vez que teníamos una oportunidad y nos hicimos inseparables.

Mientras en el mundo exterior continuaba la guerra fría, los países ricos se llenaban de coches, hospitales potentes, lavadoras y salas de cine y se inventaba todo lo que he dicho, además del *rock and roll,* nosotros vivíamos como los capuchinos, allí, en Cabo Cañaveral, que luego se llamó Cabo Kennedy. Éramos tal que frailes espaciales. Nos llegaban noticias de que los rusos iban más adelantados que los americanos y todo el mundo se ponía de los nervios. *Ham,* Casilda y yo, no. No tomarse a pecho los soponcios de los massas es una de las pocas ventajas de ser pringadícola. En 1957, íbamos a lanzar el primer satélite al espacio pero, cuando vi los planos que me trajo el chimpancé, decidí retocarlos un poco. Los adapté según mis conocimientos aeroespaciales qutresinos y se ve que no valían para la Tierra. El cohete del satélite no pudo ni arrancar y los soviéticos lanzaron el primero de la historia, el *Sputnik,* para gran

sufrimiento del personal de nuestra base. Unas semanas después, Estados Unidos envió al espacio su primer satélite, cuyo vuelo iba a ser breve; pero no tan breve como resultó porque, a los dos segundos, hizo catapún. Así empezó el recochineo internacional sobre nuestros éxitos. Años me tiré barriendo y barriendo, e intentando convencer al massa de la NASA –ya se llamaba así el invento– de que las naves espaciales vuelan mejor con el combustible de mi planeta, que es el qutróleo, una mezcla de petróleo y zumo de pepino destilado. Ni caso. Siempre me mandaban a barrer. Ni siquiera lograba ascender a la sección de aspiradoras. Me tenía que conformar con retocar en secreto planos y más planos, según me los conseguía mi colega, el chimpancé *Ham*. Pero los retoques no funcionaban y los rusos se nos adelantaban siempre. Así, lanzaron a la perrita *Neska* mucho antes que nosotros al propio *Ham*, y también fueron los primeros en poner en órbita a un ser humano, el astronauta Gagarin, en tener a un hombre 24 horas dando vueltas a la Tierra, en mandar un artefacto a la Luna y en dar un paseo espacial. Nos ganaban por goleada, con mucho cachondeíto en el extranjero, hasta que remontamos en el último minuto. Fue en el verano de 1969. No había barrido yo ni nada para aquellas fechas. La NASA llevaba currando un mazo y medio en el proyecto de enviar hombres a la Luna. Ocho años antes, mi querido *Ham* se marcó, al fin, un vuelo espacial, del que salió intacto físicamente, pero no en lo psicológico. A la vuelta, el chimpancé ya no era el mismo. Se volvió un estirado y nos miraba a Casilda y a mí por encima del hombro. Se lo llevaron para presumir de chimpancé astronauta por el mundo y no volvimos a verlo. Ni siquiera nos escribió. El tramo final de la carrera espacial lo cubrimos solos Casilda y yo. Tampoco era malo quedarme con todo el campo libre con Casilda, para qué nos vamos a engañar. Aunque no subí a aspiradoras, conseguí el traslado a fregonas, donde fui feliz junto a Casi hasta lo de Armstrong y Aldrin. Lo único malo es que en un momento dado, Casi me hizo jurar que no rectificaría más planos, lo cual era un marrón. A falta de chimpancé, los mangaba yo mismo. Me daba una rabia ver lo equivocados que estaban todos... "En fin –pensé–, allá ellos. Yo estoy aquí en viaje de estudios. Si no quieren usar qutróleo, que se fastidien." Y se fastidiaron, pues llegaron a la Luna, pero en un vuelo que duró tres días –menudas tortugas– y para nada, para darse un garbeo, poner una banderita y tirar millas de vuelta. Si por lo menos hubieran dejado unos bocatas para la infinidad de alienígenas hambrientos que paran a descansar allí. Es que no se enteraban de nada. Ya sabéis cómo fue la cosa. En la madrugada del 21 de julio de 1969, Armstrong bajó, dio un saltito y dijo lo del gran paso para la humanidad, una cosa que si la oye mi amigo Julio César, *El Calvorota,* se parte de risa. Con las frases chachis que él decía cada vez que cruzaba un río. Su colega Aldrin bajó después y los dos se cogieron un buen rollo dando saltitos con poca gravedad. Como niños.

Como niños, ellos y el personal de Cabo Kennedy, de toda la NASA y de medio planeta. Lo dieron por la tele en todo el mundo y todo quisqui –menos algunos jefazos rusos y el sabio inglés Bertrand Russell, que dijo que viajar a la Luna era una parida– venga a brindar y aplaudir. Yo tenía un cabreo macabeo, por dos razones. Primera, porque si me hubieran hecho caso habrían llegado, en la mitad de tiempo, cien veces más lejos. Segunda, porque era el momento de regresar definitivamente a Q-3 y estaba demasiado chachi con Casilda. No jugábamos ni nada. Y lo que nos reíamos. Porque hay que ver qué trajes os hacéis los terrícolas para viajar al espacio, con lo cómodos que vamos nosotros, sin ir más lejos. Casi y yo mirábamos los cabezones que se os ponían con las escafandrotas esas y nos temblaban las fregonas de las carcajadas. Pero me tuve que ir. Casilda lloró un poquito y yo también, no os voy a engañar. Uno es un duro, pero tiene buen fondo. Además, después de seis mil años viendo llorar a gente, algo se pega. Me subí a las Rocosas y allí me recogió una ruta, o sea, un platillo-bus.

Al alejarme del planeta azul, lo vi igual de azul, pero con menos trocitos verdes que al llegar. Faltaban unos cuantos bosques, desde luego. Pero me acordé de la vaca *Loh Lah,* de la dulce neolítica Catal Ina, de Ro Yi Toh y la maravillosa bárbara Barbarita, la que cabalgaba que te pasas. Cuando mis antenas se acordaban de las hambres, las guerras y las escabechinas, procuraba recordar a Casilda, a mi querido Legisluk, el pasante de Hammurabi, al chino Ce Ni Zin, con el que tanto me reí cuando me contaba que la Gran Muralla le producía claustrofobia. Y si se me venían vibraciones tristes, pensando en la esclavitud, las brutalidades, las injusticias, procuraba pensar en Carlitos Dickens y los niños betuneros, o en lo mucho que copiamos e hicimos manitas Coleguisis, mi ligue egipcio, y yo; o evocaba a mis buenos guardianes los soldados franceses del Somme, que me querían salvar, e incluso a la rata *Doña Nuña,* que tenía su gracia... Porque, al fin y al cabo, en vuestro planeta de chiflotas pasaban cosas parecidas a las de otros planetas majaras que hay, según me cuentan mis compis de clase, por esas galaxias. Pero yo encontré más colegas que ellos. Vi cosas chungas, pero también gente muy enrollada. Chicas, principalmente. Y eso mola, ¿no?

DESPUÉS DE LA SEGUNDA GUERRA...
...AVANZASTEIS MUCHO EN LOS CAMPOS DE LA CIENCIA Y LA TECNOLOGÍA.
¡OPS!
CON EL SPUTNIK, DIO COMIENZO LA CARRERA ESPACIAL.
MI AMIGUETE HAM, OS FUE DE GRAN AYUDA PARA...
...YA ROZANDO LOS SETENTA, PONER...
EL PRIMER HOMBRE EN LA LUNA.
"...UN PEQUEÑO PASO PARA EL HOMBRE; UN GRAN SALTO PARA LA HUMANIDAD."
EN LA ACTUALIDAD TENÉIS EL SHUTTLE Y UNA ESTACIÓN ORBITAL PERMANENTE...
...SI SEGUÍS ASÍ, PRONTO NOS VEREMOS EN Q-3.
¡OH, AHÍ LLEGA MI AUTOBÚS!
¡ADIÓS!

ÍNDICE

Este libro se terminó de imprimir
en los talleres gráficos de
Unigraf, S. L. Móstoles (Madrid),
en el mes de abril de 1999, habiéndose
empleado, tanto en interiores como
en cubierta, papeles 100% reciclados